# 팬츠드렁크

## 일러두기

1. 본문에 등장하는 '노라 하가 파티 센트럴(Norra Haga Party Central)'은 저자가 재미를 위해 만들어 낸 허구의 기관입니다.
2. 외국 인명, 지명, 작품명 및 독음은 국립국어원의 외래어 표기법을 따랐습니다.
3. 신문, 영화, TV 프로그램, 노래 등의 제목은 꺾은 괄호(〈〉)로, 책 제목은 겹낫표(「」)로 묶었습니다.
4. 본문의 이해를 돕기 위한 주는 모두 옮긴이주입니다.

Kalsarikänni: suomalainen opas hyvään elämään by Miska Rantanen
Illustrations and layout by Mari Huhtanen | Kilda
© Miska Rantanen, 2018
Cover, design and Illustrations © Mari Huhtanen | Kilda, 2018
Photographs on pp. 22, 44, 56, 82, 94, 112, 118, 130, 146, 166, and 172 © Sameli Rantanen,
other photographs © Pexels
Pantsdrunk illustrations on pp. 158 and 159 © thisisfinland.fi | Ministry of Foreign Affairs of Finland
Published originally in Finnish by Kustantamo S&S
Korean Translation Copyright © 2018 by Dasan Books
All rights reserved.
The Korean language edition is published by arrangement with
Helsinki Literary Agency through MOMO Agency, Seoul.

행복 지수 1위 핀란드 사람들이 행복한 진짜 이유

# 팬츠드렁크

미스카 란타넨 지음 | 김경영 옮김

오늘도 많이 힘들었죠?

바쁜 하루를 보냈다면, 오늘 저녁엔

핀란드 사람들처럼 느긋하게 쉬어 보는 게 어때요?

우선, 집에 들어서자마자 낮 동안 몸을 꽉 죄었던

답답한 옷과 신발, 양말을 모두 벗어 던지세요.

이제, 집에서 가장 편안한 공간을 찾아 보세요.

가장 좋아하는 과자를 챙겨서

언제나 손이 닿을 수 있는 곳에 갖다 놓으세요.

(단짠단짠의 완벽한 조화를 놓치지 마세요!)

유튜브나 SNS, 넷플릭스를 보며

시간을 때울 스마트 기기는 물론 챙겼겠죠?

CERVEZA
PACIFICO
CLARA
355 mL
LA CERVEZA DE...

DRINK
WISE
OR.AU

12

IT IS SAFEST NOT
TO DRINK WHILE
PREGNANT.

이제 거의 다 됐어요.

아, 아직 자리에 눕지 마세요. 가장 중요한 순서가 남았거든요.

냉장고를 열고 차가운 맥주 한 캔을 꺼내서

시원하게 첫 모금을 들이켜세요.

편안한 소파, 좋아하는 과자, 스마트폰, 그리고 알코올.

혼자만의 휴식을 맘껏 누리기에 완벽한 조화네요.

세상에서 가장 편안한 공간에서
가장 편한 옷차림으로 술을 즐기는 것.
그게 바로 '팬츠드렁크'입니다.
당신은 충분히 휴식을 즐길 자격이 있습니다.
오늘 밤, 팬츠드렁크하며 행복해지세요!

# Contents

## 취미와 함께해서 더 즐거운 팬츠드렁크

# 언제 어디서나 즐기는 팬츠드렁크

## 팬츠드렁크, 몸과 마음의 짐을 내려놓는 시간

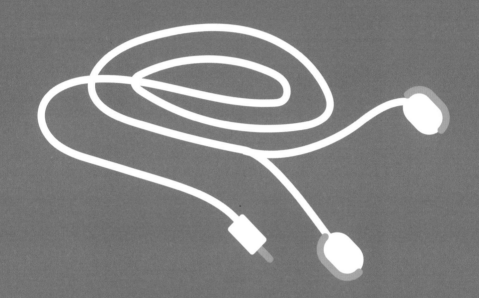

# 지금은 팬츠드렁크를 즐길 시간

긴 하루였다. 끝날 줄 모르는 회의가 줄줄이 이어졌고, 하나같이 멍청한 고객들 앞에서 연기 대상 뺨치는 포커페이스를 유지했다. 돌발 상황과 폭풍 결정의 연속, 뇌는 이미 과부하 상태다.

집 안에 발을 들여놓고서야 한시름 놓는다. 오늘 할 일은 이걸로 끝났다. 이제 드디어, 나만의 시간이다!

친구들한테 연락해 어디 술집에라도 가서 꼭두새벽까지 마실까? 술 몇 잔이면 스트레스가 싹 가실 텐데. 하지만 이내 생각을 접고 그냥 집에 있기로 한다.

왜냐고? 난 준비성이 철저한 사람이니까. 오늘 아침, 근처 가게에서 저렴하지만 맛있는 브랜드의 맥주를 사서 냉장고에 넣어 두

었다. 샴페인 작은 병 하나와 양주 한 병, 단맛과 짠맛의 조화를 완벽히 고려한 과자도 몇 봉지 준비해 뒀고.

종일 열이 쭉쭉 뻗치는 하루였지만, 지금은 시원한 맥주가 눈앞에 있다. 이제 옷을 하나하나 벗는다. 숨통을 조이는, 갑갑하고 불편한 옷은 모조리. 이 스트립쇼의 하이라이트는 땀에 젖은 양말을 발에서 살살 벗겨 내는 마지막 순간이다. 어떤 말로도 표현하기 힘든 그 느낌. 벗은 양말은 방바닥에 시원하게 내던진다. 문명의 족쇄를 벗고 자유인이 되는 순간!

속옷 차림으로 소파 위에 털썩 주저앉아 안도의 한숨을 내쉰다. 하지만 가장 중요한 순서가 남았다. 느릿느릿 냉장고로 다가가 차가운 맥주 한 병을 꺼내 드는 것. 냉장고에서 꺼내는 순간 맥주병에 물방울이 송골송골 맺히기 시작한다. 언제나처럼 병뚜껑과 병따개, 그리고 팔의 근력이 완벽한 조화를 이루며 병이 열린다. 취이익—탁!

리모컨을 집어 들고 점잖은 채널은 휙휙 넘긴다. 금 시세 변동을 떠들어 대는 지루한 뉴스는 패스. 리얼리티 쇼나 그 비슷한 방송에 채널을 고정하고 맥주 첫 입을 벌컥벌컥 들이켠다. 그리고 또 한 모금. 첫 병을 비우고 두 번째 병을 꺼낸다. 냉장고 문을 연 김에 위스키도 약간 따른다. 고대의 보물 상자 다루듯 조심스럽게 과자 봉지를 뜯는다.

어깨의 긴장이 차츰 풀어지고 손끝까지 온기가 전해진다. 더 편한 자세를 찾아 소파에 몸을 묻는다.

텔레비전에서는 라이프스타일 전문가가 올가을에 불타는 오렌지색이 유행할 거라고 전망한다. 패스. 다음 채널은 개인의 존엄성을 뼛속까지 잃은 청년들이 한 열대 섬에서 돈 때문에 성관계를 맺는 이야기를 다룬 프로그램이다. 패스. 그다음 채널에서는 저렴한 가격에 자동차를 튜닝하는 비법을 알려 준다. 자동차의 충격 흡수 장치인 서스펜션은 이베이에서 헐값에 구할 수 있다면서.

〈핌프 마이 라이드〉(폐차 직전의 자동차를 정해진 시간 안에 개조하는 미국 MTV의 리얼리티 쇼)의 참가자들은 시간에 쫓겨 헉헉대지만, 나는 서두를 일이 없다. 적어도 오늘은. 지금은 팬츠드렁크를 즐길 시간이니까.

팬츠드렁크,
있는 그대로의 나로 되돌아가는 시간

# 핀란드인이
# 마음을 다스리는 법

팬츠드렁크는 숨 쉴 틈 없는 세상에서 한숨 돌리는 시간이다. 사방에서 쏟아지는 대문짝만 한 머리기사가 사실이라면 세상의 종말은 머지않았다. 뭐가 진짜 뉴스이고 가짜 뉴스인지 분간하기도 힘든 세상이다. 기후 변화, 국제 테러, 기계음 가득한 대중가요, 민주적으로 선출된 대통령, 늙어 가는 유명인의 성형 수술 등 갈수록 우울하기 짝이 없는 뉴스들.

북유럽 국가들은 비관적 세계관을 이겨 내는 전통 해독제를 다양하게 보유하고 있다. 평화를 사랑하는 북유럽인은 전 세계에 분노의 폭풍이 몰아칠 때 개인이 바꿀 수 있는 부분이 거의 없다는 사실을 잘 알고 있다. 할 수 있는 일이라고는 상황이 나아지기를,

아니면 적어도 약간은 더 견디기 쉬워지기를 기대하며 본인과 가족에게 집중하는 것뿐이다.

스웨덴과 노르웨이에서 이러한 철학은 격언이자 행동 수칙이기도 한 '라곰Lagom'이라는 개념에 잘 녹아 있다. 라곰은 굳이 번역하자면 '딱 알맞은' '적당한' '완벽하게 균형 잡힌'이라는 의미다. 모든 것이 적당한 상태, 즉 너무 넘치지도 모자라지도 않는 균형 잡힌 상태를 말한다. 민주적이고 친환경적이며, 또 많은 면에서 북유럽식 사고의 정수가 담긴 개념이다.

그런데 여기에 문제가 있다. 라곰의 금욕주의는 행복한 삶에 필요한 거의 모든 요소를 압축해 담고 있지만 2010년대, 즉 지금의 현실과 양립할 수 없다. 현대인은 자신에게 주어진 책임을 다하고 싶어 하는 사람들이기도 하지만, 한편으로는 자유롭게 의사 결정

을 내리고 일상의 스트레스에서 벗어나고 때로는 진탕 취하고 싶은 개인주의자들이기도 하다. 라곰의 문제는 좋은 사람이 될 것을 강요한다는 데 있다. 좋은 사람은 느긋할 틈이 없다. 본인이 내리는 결정이 윤리적인지 끝없이 점검해야 하니까.

단조로운 건 안전하지만, 그렇게 보면 죽음도 마찬가지 아닌가.

덴마크는 '휘게Hygge'의 나라로 잘 알려져 있다. 덴마크인은 아늑한 분위기와 삶의 여유, 현재의 순간을 느긋하게 즐긴다. 눈 내리는 창밖을 내다보며 방 안에서 어룽대는 촛불 아래 따뜻한 코코아 한 잔을 마시는 일, 그게 바로 휘게다. 라곰이 삶을 향한 태도이자 마음가짐이라면, 휘게는 실제 환경을 바꾸고 조성해야 얻을 수 있다. 모직 담요, 타오르는 벽난로의 불꽃, 유기농 브리 치즈, 책꽂이에 일렬로 꽂힌 가죽 장정의 책을 보고 기분이 좋아지

지 않을 사람이 어디 있겠는가.

휘게는 인테리어 잡지와 라이프스타일 블로그에서 흔히 보이는 번지르르한 이미지다. 이 점이 휘게의 맹점이다. 모든 사람이 폭풍우 치는 가을밤에 자작나무 장작이 불타는 벽난로 옆에서 쉴 여유는 없으니까. 휘게는 치질, 눈물과 콧물이 뒤섞인 자기 연민, 사방의 찜찜한 얼룩 따위는 존재하지 않는 디즈니 영화 같다. 실제 현실과는 달라도 너무 다르다.

북유럽의 다양한 생존 전략 중 핀란드인에게는 라곰이나 휘게가 아닌 '칼사리캔니Kalsarikänni', 즉 원시적이지만 놀랍도록 세계적인 개념 '팬츠드렁크'가 있다. 어떤 환경이나 분위기와 상관없이 전 세계 어디서나 할 수 있으니까.

딱히 준비할 것도 없다. 팬츠드렁크의 특징은 사람을 차별하지 않는 평등함과 저렴한 준비 비용이다. 성인이라면 누구나 쉽게 실천할 수 있음은 물론이고.

팬츠드렁크는 자기답게 쉴 수 있는 완전한 휴식 방법이다. 일상의 스트레스에서 벗어날 수 있는 빠르고 효과적인 방법이다. 있는척하며 분위기를 잡고 연기를 하는 것과는 정반대다. 팬츠드렁크를 즐기는 사람들은 인스타그램에 연출된 사진을 올리지 않는다.

팬츠드렁크는 '진짜'다.

팬츠드렁크의 휴식 효과는 단순한 요소에서 나온다. 편한 옷차림, 적당량의 술, 그리고 가벼운 소일거리. 그리고 필요한 게 하나

더 있다. 팬츠드렁크를 제대로 즐기려면 마음을 열고 흘러가는 대로 몸을 맡겨야 한다. 사실 팬츠드렁크는 정신, 감정적인 면에서 지금 이 순간 있는 그대로의 모습에 집중하는 명상법인 '마음 챙김mindfulness'과 닮은 구석이 있다. 마음 챙김 수련자들은 현재의 순간을 알아차리고 집중하고 관찰함으로써 지금의 상태를 온전히 받아들이는 경지에 이른다. 그러나 마음 챙김 지도자가 다양한 호흡법을 제안하느라 긴 시간을 보내는 동안, 팬츠드렁크는 어디서나 구할 수 있는 물건과 편안한 환경을 통해 최종 목적지인 완전한 휴식에 이르는 지름길을 열어 준다.

## 나의 팬츠드렁크

"저는 팬츠드렁크를 하면서 인터넷으로 여러 기업의 매출 정보를 검색해 봅니다. 아니면 유튜브를 보죠. '아이스하키'나 '유로댄스'를 검색하면 별별 게 다 떠요. 영상 하나를 끝까지 본 적은 한 번도 없을 걸요. 추천 영상을 쭉쭉 살피다가 결국엔 처음 검색한 영상과는 영 딴 걸 보고 있을 때가 많죠."

—열쇠공(남, 36)

"팬츠드렁크를 처음 접한 건 20대 때였어요. 여러모로 삶이 팍팍할 때였죠. 룸메이트들이랑 같이 살고 있었는데, 우리는 종종 편한 차림으로 같이 술을 마시곤 했어요. 꼬질꼬질한 추리닝을 걸치고 리얼리티 쇼나 한심한 프로그램을 보면서 맥주를 마셨죠. 몇 번은 그렇게 놀다가 식탁에서 허겁지겁 화장을 하고 현관문을 쾅 소리 나게 닫고는 비틀비틀 걸어서 근처 클럽에 가서 문 닫을 때까지 놀기도 했어요. 좋은 때였죠! 워킹맘의 삶을 사는 지금은 가족들이 잠들면 소파에 드러누워서 레드 와인 큰 병 하나를 따고 인터넷으로 좋아하는 드라마나 실컷 보면서 저에게 주어진 그 순간을 즐깁니다. 평범하지만 조용한 저만의 팬츠드렁크를 즐기다 보면 잠도 훨씬 잘 온답니다."

—출판사 직원(여, 42)

# 평범한 일상을
# 의미 있는 시간으로

그래서, 도대체 팬츠드렁크가 뭘까? 팬츠드렁크의 어원인 핀란드어 '칼사리캔니'는 속옷을 뜻하는 '칼사리kalsari'와 취한 상태를 뜻하는 '캔니känni'의 합성어이다. 이 함축적인 단어에 팬츠드렁크의 본질이 담겨 있다. 쉽게 말해, 팬츠드렁크는 어디도 나가지 않고 오직 집에서 속옷 차림으로 술을 마시는 행위를 의미한다. 팬츠드렁크가 독창적인 이유는 이러한 행위 자체라기보다는 이 행위가 주는 효과 때문이다.

팬츠드렁크의 핵심은 '의미 있는 무의미함'이다. 원점에서 출발해 원점으로 돌아올 때 아주 사소한 성취마저 승리로 간주된다. 팬츠드렁크에서는 오직 승자만 있을 뿐, 패자는 없다.

## 휘게와 라곰 이후의 새로운 라이프스타일

팬츠드렁크의 철학은 라곰이나 휘게와 다르지 않다. 마음의 평안, 삶의 기쁨, 편안함, 균형, 충전 같은 목표들이 아늑한 방 안에서 실현된다는 점에서 오히려 대단히 닮았다. 세 개념 모두 북유럽에서 유래했으며, 궁극적 목표 역시 동일하다.

각 개념의 현재 모습은 해당 철학이 유래한 나라의 역사, 문화, 국민성에 따라 만들어져 온 것이다. 라곰, 휘게, 그리고 팬츠드렁크의 차이를 분석하기 전에 이들 북유럽 국가의 경제사를 먼저 짚어 보자. 덴마크, 노르웨이, 스웨덴 국민들은 핀란드 사람들보다 풍요로운 삶을 누린 역사가 더 길기 때문이다.

덴마크가 번영한 이유는 일찌감치 농업과 산업 발전을 이룬 덕분이다. 또 수많은 무역로의 교차로에 위치해 불과 몇 세기 만에 엄청난 경제 성장을 이뤘다. 반면 스웨덴은 중세에는 땅 밑에 묻힌 광물로, 산업화 이후에는 납작한 상자에 조립식 가구를 담아 저렴한 가격에 파는 '플랫팩 가구'로 부를 축적했다. 또 유로비전 송 콘테스트(유럽방송협회가 1956년에 처음 개최한 이후 매년 열리는 유럽 최대이자 세계에서 가장 오래된 음악 경연 대회)와 무료 음악 스트리밍 서비스 스포티파이Spotify로 대중음악 시장에서 문화 패권을 잡았다. 노르웨이는 1960년대까지만 해도 그저 대구와 청어가 많이 잡히는 나라로 알려져 있다가, 해저에 구멍을 뚫으면서 운명이 바뀌었다. 그 이후 지금까지 노르웨이는 방대한 석유 매장량으로 라곰의 중요 개념인 '절제'를 우습게 만들어 버릴 만큼 막대한 부를 쌓는 중이다.

천연 자원이 부족한 핀란드는 오래전부터 농경 사회였다. 인적이 드문 땅 위로 가난한 농가들이 수십 미터 거리로 흩어져 있었다. 도시화가 된 이후에도 핀란드인은 관습적으로 서로를 멀리했다. 주요 수출품은 타르와 버터였고, 1850년대에 목제품과 임산물이 수출 시장을 점령했다. 최근에는 중장비, 정유, 휴대폰, EDM 월드 스타 다루드의 히트곡 〈샌드스톰Sandstorm〉과 모바일 게임 앵그리버드까지 수출 품목에 추가했다.

팬츠드렁크의 정신적 기원은 핀란드의 11월 낮, 창밖을 내다보면 쉽게 알 수 있다. 칠흑 같은 어둠과 영하의 추위 속에서 살을 엘 듯이 차가운 진눈깨비가 휘날리고, 바닥은 얼음과 진창이 된 눈으로 뒤덮이며, 거리는 버려진 듯 텅 비고, 사람이라도 만나려면 멀고 험한 길을 한없이 걸어가야 한다. 하루 중 그나마 가장 밝은 정오에 말이다.

팬츠드렁크는 틀림없이 이 우울하고 어두침침하고 눈비 날리는 계절에 생겨났으리라. 집을 나서는 일이 태산 같은 장애물을 넘는 것 같은 때 말이다. 핀란드에서는 그런 날이 1년 중 9개월 보름 정도라는 놀라운 사실.

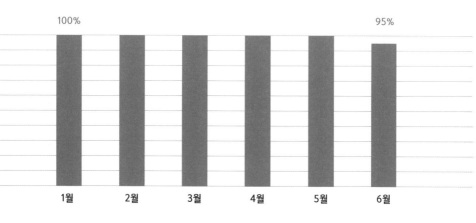

**팬츠드렁크를 하기에 가장 적절한 달은 언제일까?**

핀란드 문화의 산물인 팬츠드렁크는 핀란드에서 중요한 개념인 '시수sisu', 즉 핀란드식 투지의 정제된 형태이다. 긍정적인 의미로 시수는 끈기 내지 인내심, 심지어 황소 같은 집념을 뜻하지만, 어두운 이면도 있다. 어떤 누구도 온종일 쉬지 않고 뒤치다꺼리를 하거나 고객을 쫓아다닐 수는 없다. 시수는 남용될 경우에 이전 세대의 과장된 무용담을 순진하게 믿는 사람들을 지치게 만든다. 1930년대 소련과 벌인 겨울 전쟁에서 선조들이 얼마나 영웅적으로 많은 집을 지었으며, 얼마나 악바리처럼 공부해 학위를 땄고, 축구팀을 만들 만큼 많은 아이들을 키우면서 늑대를 쫓고 적군을 혼쭐냈는지 같은 허황된 이야기 말이다.

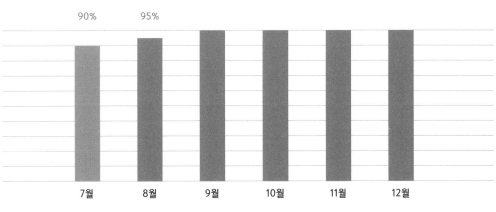

* 출처: 노라 하가 파티 센트럴(Norra Haga Party Central)

팬츠드렁크는 자비롭다. 사람을 혹사시키거나 소진시키지 않는다. 오히려 그 반대다. 계속 살아갈 수 있는 힘을 준다.

길고 춥고 어두운 겨울과 서로 멀찌감치 떨어진 집들을 보면 핀란드에서 팬츠드렁크가 생겨나고 유행한 연유를 알 것 같다. 그거라도 없으면 견딜 수가 없으니까. 핀란드인 앞에서 독일 남부 사람들의 삶이 어떤지 지나치게 상세하게 늘어놓는 일은 자제하는 편이 좋다. 특히 차로 몇 시간만 가면 지중해와 알프스 산맥, 그리고 모젤 계곡의 포도밭이 펼쳐진다는 이야기는 절대 금물이다. 핀란드인은 바로 옆 마을에도 도착하지 못했을 시간이니까.

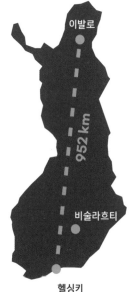

북유럽 사람들의 성평등에 대한 신념은 자연스럽게 팬츠드렁크의 이론을 이해하고 실천하는 데에 영향을 미쳤다. 핀란드인이 동일 노동, 동일 임금에 대한 원칙을 현실에서 이루려면 아직 갈 길이 멀지만, 소파 위에서 술을 마시는 일은 성별, 성향을 떠나서 모든 사람의 기본 권리다.

성평등 의식이 높아진 덕분에 핀

란드 여성의 사회적, 정치적 권력이 커진 동시에 비즈니스 세계의 어두운 면이 드러나기도 했다. 누구나 일과 가족 사이에서 선택을 해야 하지만, 그 선택은 궁극적으로 회사 대주주의 손에서 끝난다. 하지만 팬츠드렁크는 이런 복잡한 문제들을 해결하는 출발점이 되기도 한다.

## 진정한 휴식의 시작

결국 팬츠드렁크의 궁극적 목표는 몸과 마음의 휴식, 그리고 현재의 순간을 온전히 즐기는 것이다. 잘 발효된 술과 좋아하는 사람들과의 만남, 몸을 옥죄지 않는 편한 옷차림으로 일하면서 받는 짜증과 압박에서 벗어날 수 있다. 평범한 시민이 다른 사람에게 피해를 주지 않고 삶이 주는 최고의 선물을 누리는 정당한 방법이기도 하다.

팬츠드렁크를 즐기려면 두 가지가 필요하다. 우선 무언가를 해내야 한다는 부담감이 없어야 하고, 둘째는 계획된 방식으로 저녁 시간을 보내야 한다. 그냥 듣기에는 감이 잘 오지 않지만 여기에는 심오한 지혜가 담겨 있다. 팬츠드렁크는 그 순간의 기분과는 상관없이 감정을 드러낼 용기이자 기꺼이 순간을 즐기는 태도다. 일에서 오는 스트레스로 숨을 쉴 수 없을 때 팬츠드렁크는 일상을 의미 있는 시간으로 바꿔 준다. 삶의 무게로 짓눌린 몸과 마음을 치유해 준다.

팬츠드렁크를 시작하는 순간 진정한 휴식이 시작된다.

팬츠드렁크는 단순하게는 일과 삶의 균형을 맞추는 장치다. 하지만 크게 보자면 라이프스타일과 세계관이기도 하다. 팬츠드렁크의 미덕은 가능성에 있다. 팬츠드렁크의 세계에서는 뭐든 가능하다. 가령, 실험적으로 시작한 밤은 요란하게 끝날 수 있다. 팬츠드렁크가 언제 끝날지는 순전히 시작한 사람의 손에 달려 있다.

〈터미네이터 2〉를 보다가 소파 위에서 잠드는 것은 팬츠드렁크 그 자체다. 또한, 팬츠드렁크를 하다가 한밤중에 택시를 불러 클럽에 가서 이미 기다리고 있던 무리와 합류한다고 해서 이를 막을 도리는 없다. 하지만 이때 팬츠드렁크는 파티로 넘어갔다고 봐야 한다.

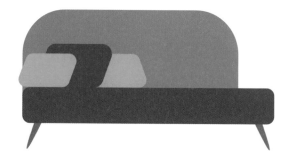

팬츠드렁크를 하는 상태에서는 무언가를 분석하고 종합하는 능력이 거의 흘러넘치다시피 출중해진 기분이 든다. 많은 전문 칼럼니스트와 작가는 글을 쓸 때 술 한잔이 주는 창의성을 뻔뻔스러울 정도로 잘 활용한다. 반대로 누군가는 술기운에 이혼 서류를 작성하지 않으려면 있는 힘껏 자제력을 발휘해야겠지만.

팬츠드렁크를 하면서 어떤 활동을 함께하면 좋을까? 팬츠드렁크 철학의 이론과 실천을 연구하는 기관인 핀란드의 '노라 하가파티 센트럴 연구소'는 팬츠드렁크를 즐기는 사람들에게 기분 전환에 좋은 활동을 함께할 것을 권한다. 기본 동작으로는 스트레칭, 하품하기, 어깨 돌리기 등이 있는데, 주로 운동 기능을 회복시키는 역할을 한다. 무엇보다 일을 하고 의식을 치르는 공적인 공간과, 자신에게 진정으로 편안한 공간 사이의 보이지 않는 경계를 과감히 뛰어넘기를 추천한다. 이 자유로운 공간에 적당한 활동

으로는 목욕, 트림, 과감한 코 파기, 에어 기타(록 음악을 들으며 기타가 없어도 연주하듯 흉내 내는 것. 핀란드에서는 매년 '에어 기타 세계 선수권 대회'가 열린다) 연주, 노래, 느긋한 자위, 방귀 뀌기, 혼잣말 하기, 베개에 대고 소리 지르기 따위가 있겠다.

팬츠드렁크를 꼭 혼자 해야 한다는 법은 없다. 친한 친구, 룸메이트, 아니면 친척과도 같이 할 수 있다. 친구와 같이하는 팬츠드렁크 역시 충전 효과가 있다. 각자 소파 한쪽씩 차지하고 같이 술을 마시면서 스트레스의 원인이 뭐가 됐든 기분도 풀고 방전된 배터리도 충전한다.

94% 1명    3% 2명    1% 3명    2% 잘 모르겠다

* 출처: 노라 하가 파티 센트럴

제대로 된 팬츠드렁크를 즐기기 위한 적정 인원수는?

배우자 또는 연인과 팬츠드렁크를 잘만 즐긴다면 더욱 관계가 깊어지기도 한다. 서로에 대해 더 깊이 알고 그 속에서 뭔가를 배우는 것은 맨정신으로는 힘든 법이니까. 각자 스마트폰만 보고 있다 하더라도 같은 공간에서 술을 마시는 것만으로도 더 친밀해질 수 있다. 실제로 팬츠드렁크는 사람 간의 관계를 더 돈독하게 만드는 역할을 한다.

이 책은 만취 상태에 이르지 않고 팬츠드렁크의 철학과 실천에 집중하는 법을 알려 준다. 의미상 뭔가를 털어놓는 일은 팬츠드렁크의 본질과 맞지 않는다. 팬츠드렁크와 파티는 한끝 차이지만 우리는 힘껏 침묵하며 술을 마실 것이다.


**통계 자료로 보는 핀란드**

세계에서 가장 안정적인 나라.

세계에서 가장 안전한 나라.

세계에서 가장 행복한 나라.

세계에서 가장 자유로운 나라.

세계에서 교육 제도가 가장 우수한 나라.


핀란드 통계청은 1865년에 설립된 국가 통계 기관으로, 핀란드 공식 통계 자료 대부분이 여기서 나온다. 이들 자료에 따르면 이

제 독립 국가가 된 지 100년밖에 안 된 핀란드는 여러모로 선전 중이다.

1917년 독립을 선언할 당시만 해도 핀란드는 국내 총생산GDP이 세계 평균 수준에 겨우 미치는 가난한 농업 국가였다. 기대 수명은 낮았고 영아 사망률은 높았다. 100년이라는 시간 만에 탈공업 정보화 사회를 이루었고 세계 3위의 부국이 된 것이다. 팬츠드렁크가 사회 발달에 긍정적 영향을 미친다는 이보다 확실한 증거가 어디 있겠는가?

1위. 핀란드

2위. 노르웨이

3위. 스웨덴

4위. 캐나다

5위. 네덜란드

6위. 오스트레일리아

7위. 룩셈부르크

8위. 뉴질랜드

9위. 우루과이

10위. 바베이도스

\* 출처: 프리덤 하우스(Freedom House)

**노르웨이, 스웨덴과 함께 세계에서 가장 자유로운 나라 핀란드**

## 나의 팬츠드렁크

"저에게 팬츠드렁크는 시간의 압박에서 벗어나 완벽한 평화와 휴식을 얻는 거예요. 일단 헬스와 사우나로 시작합니다. 그리고 집에 오는 길에 가게에 들러 먹을거리와 와인을 한 병 삽니다. 뭐, 두 병 산다고 뭐라고 할 사람도 없지만요. 그렇게 산 와인을 물에 희석해 홀짝거리면서 책을 읽거나 벨리니의 오페라 <노르마> 주제곡을 들어요. 요리도 하고요. 전화나 문자에는 답하지 않는 게 원칙이에요. SNS도 안 보고요. 세상과 소통을 차단하는 거죠.

밥을 먹고 난 뒤 책을 읽으면서 느긋하게 술을 한잔해요. 취기가 오르는 정도로만요. 그리고 음악을 들어요. 오페라요. 그 후에는 DVD를 봐요. 개인적으로 술 마시면서 즐겨 보는 영화는 <블리트>와 <노팅 힐>이에요. 소파에서 벌떡 일어나 주인공에게 이래라저래라 소리치기도 하고 이야기에 빠져들기도 해요. 팬츠드렁크를 하는 동안은 마음이 평온하고 완전히 긴장을 푼 채 그 순간에만 집중하죠. 술자리를 언제 끝낼지는 순전히 저한테 달렸어요."

—오픈 플랜식 사무실 근무자(여, 60)

# 술은 늘리고,
# 옷은 벗어 던지고!

팬츠드렁크는 무엇보다 혼자만의 시간이며, 팬츠드렁크를 하기에 가장 자연스러운 장소는 아무도 없는 빈방이다. 가족이나 친척, 친구가 바로 옆에서 함께한다면 서로 대화를 피하는 것이 좋다. 잡담이 섞이면 더 이상 순수한 형태의 팬츠드렁크라고 보기 힘들기 때문이다. 그렇다고 바깥세상에 반감을 가져야 한다는 말은 아니다. 하지만 시간과 공간을 어떻게 활용할지 스스로 결정한다는 점에서 팬츠드렁크는 근본적으로 명상 활동이다. 핀란드인은 팬츠드렁크를 즐기는 사람들에게 온전히 집중할 수 있는 공간을 내어 줌으로써 그들을 존중할 줄 안다. 이 나라에서 팬츠드렁크는 사우나에 가는 일처럼 하나의 신성한 의식이다.

팬츠드렁크를 앞둔 사람은 시작하기 전에 자신의 마음 상태를 되돌아보는 것이 좋다. 목표는 마음을 열고 자기다운 모습으로 현재의 순간을 즐기는 것이다. 팬츠드렁크는 모두에게 열려 있으며, 그 특징은 소박한 준비물에서도 고스란히 드러난다. 돈이 크게 들지 않는 덕분에 누구나 평등한 조건으로 시작할 수 있다. 팬츠드렁크는 평범한 사람을 위한 것이다.

팬츠드렁크를 제대로 즐기기 위해 필요한 최소한의 준비물은 쾌적한, 아니 적어도 웬만큼 참아 줄 만한 환경, 적당한 양의 술과 편한 옷, 디지털 기기 하나, 그리고 혈당치를 높여 줄 먹을거리다. 술은 늘리고 옷은 줄이는 등 질적, 양적인 개인차는 허용된다. 하지만 이 네 가지는 팬츠드렁크의 기본 준비물이다.


## 알코올

팬츠드렁크를 즐기기에 충분한 술의 양은 어느 정도일까? 정답은 없다. 전통주의자들은 모자라느니 과한 게 낫다고 생각하지만, 젊은 세대는 팬츠드렁크를 뚱한 얼굴로 부어라 마셔라 하는 술자리보다는 프랑스식으로 와인을 가볍게 마시는 행위로 보곤 한다. 하지만 다음 날 아침에 일어났을 때 전날 밤의 흔적, 입안에 텁텁한 느낌이 남지 않아야 한다는 데는 모두가 동의한다. 어떤 식으로든 숙취가 있다면 팬츠드렁크가 과했으며 마시는 술의 양을 줄

일 필요가 있다는 증거다. 이 부분에 대해서는 마지막 장의 '팬츠드렁크가 도를 넘는 순간'에서 자세히 다룰 예정이다.

　팬츠드렁크의 기본 음료는 맥주 또는 와인이다. 맥주는 마시는 양을 조절하기 쉽다는 장점이 있다. 사람에 따라 평소 주량과 음주 경험을 고려하여 술의 양을 정한다. 어떤 사람에게 맥주 두 캔은 너무 적고 여섯 캔까지가 적당하며 일곱 캔은 너무 많을 수 있다. 중간중간 빈 캔을 세어 보면 총 몇 캔을 마셨는지 알 수 있다. 또한 맥주는 우리 몸이 필요로 하는 수분을 간편하게 채워 주고, 화장실 가는 횟수가 잦아지면 이제 그만 술잔을 내려놓아야 하는 순간이라는 것도 알 수 있다. 그 밖에도 장점은 많다. 위베스퀼레 대학교의 유호 레이카스 교수가 실시한 연구에 따르면, 운동 후에 마시는 맥주는 물보다 체내 흡수가 빠르다. 뿐만 아니라 스포츠 음료보다 칼륨, 마그네슘, 규소, 망간 등 필수 미네랄도 더 많이 함유하고 있다. 맥주를 마신 뒤 나른한 기분은 팬츠드렁크의 특징인 느긋함과도 잘 어울린다. 고주망태가 되려고 팬츠드렁크를 하는 게 아니니까.

　위험성을 알고 있는 한 독주도 괜찮다. 과음을 자제하기 위해서는 분별력과 굳은 의지가 필요하다. 대부분 그러하듯 이 경우, 어떤 환경에서 술을 마시느냐가 중요하다. 폭풍우 치는 으슬으슬한 밤, 코냑한 모금은 화룡점정이라 할 수 있다.

1990년대에 들어서자 와인과 샴페인이 맥주의 막강한 경쟁자가 되었다. 균형 잡힌 스파클링 와인은 맥주로 치자면 괜찮은 라거나 IPA 정도에 해당하며, 기분을 내는 데 꼭 비싼 와인이 필요한 건 아니다. 팬츠드렁크 베테랑이라면 가벼운 스파클링 와인 또는 부담 없는 야식인 다크 초콜릿과 환상의 궁합을 자랑하는 묵직한 레드 와인을 선택할 것이다. 와인의 한 가지 단점이 있다면 병의 크기다. 보통 와인 한 병은 750밀리리터. 주량이 약한 사람이라면 혼자서 마시기에는 부담스러운 양인 데다 팬츠드렁크를 하는 세월이 늘어날수록 술을 남기기가 힘들어진다. 한편 작은 병은 정말이지 심하게 작을 수 있다. 박스 와인은 너무 위험하다. 얼마나 마셨는지 가늠할 방법이 없기 때문이다. 와인 역시 맥주보다 알코올 함량이 높기 때문에 마시는 양을 조절하기 위해서는 그간의 음주 경험에 비추어 자제력을 발휘해야 한다.

## 옷차림

'팬츠드렁크 옷차림'이라고 하면 최대한 벗는다고 보면 된다. 딱히 성적 흥분이 필요한 상황이라서가 아니라 헐렁한 속옷이야 말로 가장 편한 옷차림이기 때문이다. 사람은 나이가 들수록 얼마나 편한가를 기준으로 속옷을 고르게 된다. 나이를 먹을수록 누군가 내 속옷을 볼 확률이 줄어들기 마련이니까. 실내 온도가 서늘한 편이라면 속옷 위에 티셔츠나 상의를 덧입어도 좋다. 또 많이 선택하는 복장은 전형적인 잠옷 차림. 남자들 대부분이 가장 편해하는 속옷 차림은 헐렁한 사각팬티나 오래 입어 부들부들한 내복인 한편, 여자들이 팬츠드렁크를 앞두고 먼저 벗는 옷은 몸을 옥죄는 브래지어와 스타킹이다. 비로소 피부가 숨을 쉴 수 있도록.

사실 핀란드야 거의 1년 내내 그렇지만, 추운 계절에는 속옷 한 장만으로는 부족할 수 있다. 꼭 건강 염려증 환자가 아니더라도, 감기에 걸려 라디에이터나 히터를 하루 종일 틀어 난방비 폭탄을 맞는 상황은 생각하고 싶지도 않은 일. 그러니 손 닿는 곳에 양모 양말 한 켤레를 챙겨 두길 권한다. 추리닝을 껴입는 것보다 혈액 순환도 적당히 잘 되고, 양모 양말은 좁은 공간에 두기도 편하기 때문이다.

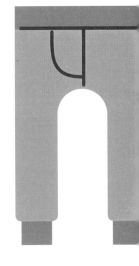

49

## 오락 기기

격렬한 육체 활동을 한 다음이라도 몇 분만 지나면 가빴던 숨이 안정된다. 스트레스가 극에 달한 날도 마찬가지다. 가끔은 길고 고된 하루 끝에 소파 위에서 숨을 고를 평온한 시간이 필요하다. 어느새 마음을 무겁게 짓누르던 부담감이 사라진다. 호흡이 안정되면 스스로 이런 질문이 든다. "이제 뭘 하지?" 사회적 동물인 인간은 이 시간을 함께 보낼 사람들 또는 다른 외부 자극을 갈구하기 시작한다.

이때 필요한 것이 오락 기기다. '기기'라는 말에 지레 겁먹지 않아도 된다. 기기는 구식이어도 상관없다. 악기, 요요, 1970년대에 만든 통신 판매 카탈로그, 책, 뜨개바늘, 손톱깎이, 치즈 강판, 그리고 썩 추천하지는 않지만 다트판도 있다. 피로 회복이 필요한 사람이라면 대단히 단순하고 느린 기기를 찾을지도 모른다. 스트

레스가 사라지고 팬츠드렁크가 진행될수록 더 자극적인 것을 찾게 되거나 쌍방 소통의 욕구가 커진다.

음악은 팬츠드렁크에 집중할 수 있는 확실한 방법이다. 닳도록 들은 1970년대 레코드판부터 1980년대 카세트테이프, 1990년대 시디, 2000년대 이후의 스트리밍 서비스까지 뭘 이용해 듣든 상관없다. 원하는 소리만 나온다면야.

요즘은 노트북, 적어도 텔레비전이 손 닿는 곳에 있다. 특히 텔레비전처럼 흥미롭고 즐겁고 심지어 충격적이기까지 한 다양한 오락거리가 하도 많다 보니, 바깥세상과 차단된 채 은둔형 인간으로 살아왔다면 좀체 지루할 틈이 없을 것이다.

와이파이 연결이 가능한 기기라면 우리는 곧장 경이로운 인터넷의 세계로 빠져들 수 있다. 술을 마시다 고양이 영상이나 좋아하는 영화의 하이라이트 장면을 찾아 보거나 연예 정보 사이트를 뒤질 수도 있고, 그다지 추천하지는 않지만 온라인 쇼핑을 할 수도 있다. 또 (가능한 익명으로) 온라인 게시판에 글을 쓰거나 개인적으로 관심 있는 주제를 깊이 파 볼 수도 있다.

원한다면 다른 사람들과 생각이나 대화를 나눌 수도 있는데 이때 주로 이용되는 매체는 인터넷, 특히 SNS이다. 생각이나 대화를 나누기 좋은 도구는 휴대폰과 태블릿

피시다. 노트북과 달리 손목에 무리가 가거나 무릎이 찜찜하게 뜨끈해질 일이 없기 때문이다. 전화로는 취한 게 금방 들통날 수 있지만 문자메시지는 오타가 좀 있어도 괜찮고, 누군가와 소통할 수 있는 최고의 도구이다.

## 기운을 북돋는 적당한 당분과 나트륨

팬츠드렁크의 목표는 빠른 시간 안에 평온한 상태에 도달하는 것이다. 적절한 환경과 편한 옷차림을 통해 지친 마음이 회복되고 완전한 휴식을 취할 수 있게 된다. 휴식에 빠질 수 없을 만큼 중요한 것 중 하나가 적절한 영양 공급이다. 혈당이 바닥으로 떨어지기를 원하는 사람은 아무도 없을 테니까. 적당량의 간식은 그만큼 중요하다.

팬츠드렁크를 할 때는 평소에 금지된 자유가 허용되는데, 덕분에 기분 좋은 일탈에서 오는 쾌감이 증가한다. 우리는 모두 균형 잡힌 식단이 건강과 환경에 얼마나 중요한지 잘 알고 있다. 탄수화물, 단백질, 지방, 미네랄, 비타민 등 몸의 엔진을 가동하는 데 필요한 연료 역시 그야말로 필수다. 하지만 팬츠드렁크를 즐기는 동안에는 규칙이 느슨해지고 균형 잡힌 식품 피라미드 따위 신경 쓰지 않아도 된다.

팬츠드렁크는 날마다 할 수 있는 활동도 아니며 결코 그렇게 될 수도 없기 때문이다. 영양학적으로 전혀 가치가 없는 불량 식품을 먹어도 괜찮다. 이유는 간단하다. 그렇게 할 수 있기 때문이다. 팬츠드렁크의 목표는 팬츠드렁크를 즐기는 당사자의 행복감을 최대치로 끌어올리는 것이다. 과식을 하거나 탄수화물 과다 섭취로 혼수상태에 빠지라는 말은 아니지만, 스트레스가 해소되기만 한다면 좋아하는 음식을 원 없이 먹어도 괜찮다. 고급 분자요리를 먹으라는 말이 아니다. 팬츠드렁크를 즐기기에 가장 좋은 음식은 지극히 평범한 디저트, 배달 피자, 타코, 또는 집 근처 가게에서 파는 패스트푸드, 얇게 저민 살라미 소시지, 올리브, 초콜릿 따위다. 쉽게 말해, 자기가 먹고 싶은 음식은 뭐든 된다.

팬츠드렁크에 필요한 요소들을 앞으로 차근차근 살펴볼 예정이다. 지금 앉은 그 소파에서 꼼짝 말길!

**핀란드인이
선호하는
음주 장소**

* 출처: 핀란드 보건복지연구소(2016년)

**57%**
자기 집이나 마당

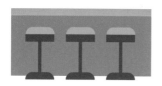

**17%**
음식점 또는 술집

**10%**
다른 사람의 집이나 마당

**10%**
오두막집이나 별장

**3%**
기타 모임 또는 연회 장소

**1%**
야외, 건물 입구, 대중교통

**2%**
기타 장소

## 나의 팬츠드렁크

"쿨로사리Kulosaari에 살 때 술집까지 가기가 너무 멀어서 속옷 차림으로 집에서 술을 마셨어요. 노래를 몇 곡 작곡했는데 그때는 완전 마음에 들었죠. 그 노래의 저작권료로 평생 살아가는 꿈도 꿨어요. 머리빗을 마이크 삼아 몇 번 공연을 했는데, 보통은 노트북 앨범 안에 저장해 뒀어요. 이상하게도 늘 화면을 등지고 노래를 불렀더라고요. 민망했나 봐요. 다음 날 일어나면 저장해 둔 공연 영상을 볼 용기가 안 났죠. 두어 달 전에 이렇게 모은 '히트곡' 영상을 몰아서 봤어요. 유명한 제작자한테 거의 보낼 뻔했던 곡들이요. 끔찍했죠. 거지같은 가사에 조잡한 멜로디, 손발이 오그라드는 우는 소리, 거기다 직접 쓴 가사에 감동 받은 제 자신까지도요."

—그래픽 디자이너(여, 44)

# 팬츠드렁크는
## 어디에서 시작됐는가

팬츠드렁크라는 개념은 오래전부터 있었지만 그 용어는 비교적 최근에 생겨났다. 칼사리캔니는 핀란드 언어학회의 방언 기록 보관소에 기록된 800만 개의 단어에 포함되지 않은 말이다. 헤이키 파우노넨과 마랴타 파우노넨이 1900년대부터 1990년대까지 핀란드어 속어를 모은 수상 경력이 있는 책『핀란드어 속어 사전Tsennaaks Stadii, bonjaaks slangii』(2000년)에도 칼사리캔니의 유래는 나오지 않는다.

핀란드 언어학회의 리타 에로넨은 핀란드 신조어 전문가다. 그녀가 하는 수많은 일 중에는 현대 핀란드어 데이터베이스에 기록할 단어를 고르는 일도 포함되어 있다. 핀란드 언어학회는 매년

신조어 책자를 발행하는데, 그때마다 어김없이 언론은 물론 대중의 상당한 관심을 받는다.

"칼사리캔니, 즉 팬츠드렁크라는 단어는 2000년대까지 우리 학회의 데이터베이스에 등록되지 않은 말이었어요. 하지만 그 용어가 실생활에서 많이 사용된 까닭에 2014년에 우리 온라인 사전에 실렸죠." 에로넨의 설명이다.

칼사리캔니라는 용어는 1990년대에 그야말로 갑작스럽게 몇 차례 인쇄물에 등장했고, 2000년대 초반에 온라인에서부터 점차 사용 빈도가 높아졌다.

핀란드 언어학회의 기록 보관소에서 찾을 수 있는 칼사리캔니의 가장 오래된 기록은 2005년 9월 핀란드 최대 일간지 〈헬싱긴 사노마트Helsingin Sanomat〉 주말판에 실린 인터뷰 기사에서였다.

여성들의 음주를 주제로 한 인터뷰에서 희비극 작가들은 마지막으로 술을 마신 게 언제였느냐는 질문을 받았다.

그중 극작가 미라 카르홀라는 그 질문에 이렇게 답했다. "3주 전 남편과 둘이서 팬츠드렁크를 했어요. 자주는 못 해요. 두 아이가 아직 어려서요. 재회 기념으로 마셨죠. 남편이 긴 출장을 갔다 돌아왔거든요."

그렇다면 카르홀라는 팬츠드렁크라는 말을 어디서 처음 들었을까?

"몇 년 전에요. 당시에는 단지 집에서 혼자 술을 마신다는 의미라고 들었어요. 저랑 남편이 가끔 집에서 딱 그렇게 술을 마셔서 재미있는 말이라고 생각했죠. 인터뷰에서는 그 단어를 반어적으로 사용했지만요. 원래 우리 부부는 시내에 나가서 놀기로 했는데, 결국 집에서 팬츠드렁크를 했다고요."

2005년에 카르홀라는 두 아이를 둔 젊은 엄마였다. 그녀와 남편은 헬싱키의 활기 넘치는 동네 칼리오에서 헬싱키 북부의 낡은 집으로 이사를 왔고, 카르홀라는 하루 온종일 아기 기저귀를 갈고 집 여기저기를 손보며 보냈다.

"우리 부부는 늘 시내에 나가서 밥을 먹고 영화를 보고 싶어 했지만, 밤에 둘이서 오붓한 시간을 보내려고 할머니 할아버지 집에 애들을 보내고 나면 지쳐서 대개는 와인을 사 들고 집에서 DVD를 봤죠. 그때 지겹도록 본 영화가 〈데드우드〉였을 거예요. 늘 처

음 계획보다 와인을 엄청 더 들이붓고는 결국 말 그대로 팬티만 입고 술을 마셨죠. 그때 참 행복했어요." 카르홀라가 말했다.

리타 에로넨은 칼사리캔니가 2005년 이전부터 사용되었다고 말한다. "제가 그 말을 처음 들은 게 1990년대 초반이었어요. 각각 1975년생, 1978년생인 아들 녀석들의 친구 하나가 '지질한 사람'의 행동을 가리키는 뜻으로 그 단어를 쓰더라고요. 지금 40대가 된 두 아이가 자기들은 정반대의 의미로 쓴다고 하더라고요. 그때는 거슬리는 말이었는데, 그래서 지금도 기억하는 것 같아요.

세대마다 그 단어를 바라보는 시각이 달라요. 우리 학회에서도 젊은 직원들은 팬츠드렁크를 중성적이고 긍정적인 의미로 받아들이는 반면 더 나이가 있는 직원들은 서글프고 외로운 삶을 가리키는 단어라고 생각해요. 하지만 언어는 변하잖아요. 입말에서 쓰이는 단어의 어감이 속어와 표준어 사이를 왔다 갔다 하고, 말하는 사람의 감정에 따라 유머가 담기기도 하고 단어의 성격이 바뀌기도 하죠. 한 단어의 어감과 의미는 그때그때 달라지니까요."

# 완벽한 팬츠드렁크를 위한 준비물 10가지

## 시간

하루 일과를 끝낸 후.

## 자제심

깔끔한 건 좋지만
그렇다고 광을 낼 필요까지는 없다.

## 옷차림

속옷(또는 추리닝, 파자마, 평상복).

## 밀폐된 공간

실내가 가장 좋다.
잠들지 못하는 영혼은 문을 따고
나가야 되는 수도 있지만.

## 온도

속옷을 입고 느긋하게 쉴 수 있는
최적의 실내 온도. 23~26℃.

## 알코올

술의 종류와 양은
각자의 주량과 그날 기분에 맞춰서.
고주망태가 되는 게 목표는 아니므로.

## 양모 양말

팬츠드렁크 복장과 환상의 콤비!

## 먹을거리(간단한 안주)

짠맛이나 단맛으로, 아니면 둘 다.
필요하면 아삭거리는 사탕류나
초콜릿도 준비할 것.

## 각종 디지털 장비

바깥세상과 소통하는 도구.
언제 소통을 시작할지는 각자의 선택이다.

## 편안한 마음

포근한 팬츠드렁크의 세계로 빠져들 것.
근심과 걱정은 완전히 잊어버리기.

## 취미와 함께해서 더 즐거운
## 팬츠드렁크

# 취중 소셜 미디어의
## 짜릿한 재미

소셜 미디어는 팬츠드렁크에 짜릿한 재미를 더해 준다. 텔레비전을 보거나 음악을 듣거나 책을 읽을 때는 혼자만의 경험에 머물다가 다른 사람과 소통하는 순간 자신과 바깥세상 사이를 가로막고 있던 장막이 걷힌다. 상황, 사람, 달의 위치에 따라 팬츠드렁크는 치유 또는 상처의 경험이 될 수 있고, 둘 다에 해당하는 경험일 수도 있다.

가장 쉽게 접근할 수 있는 소셜 미디어는 문자메시지다. 문자로 소통할 때는 대화하는 사람의 신체와 심리 상태를 거의 완전히 감출 수 있다. 하지만 명심해야 할 사실이 있다. 집에서 혼자 술을 마시면서 친한 친구와 주고받는 얼빠진 문자나 저속한 문자는 배꼽 잡게 웃길 수 있지만, 직장 상사나 전 애인, 어머니한테 그럴 생각은 꿈에도 하지 마라.

절친한 친구끼리는 그런 걱정을 할 필요가 없다. 친구는 나의 단점도, 실수도, 허풍도 받아 주는 존재니까. 입에서 나오는 대로 두서없이 주고받는 대화는 팬츠드렁크를 풍요롭게 만드는 양념 역할을 한다.

꼭 일대일로 대화할 필요는 없다. 은밀한 대화, 즉 그 자리에 없는 사람 이야기는 친한 사람들과 하는 편이 제일 좋으며, 다양한 주제로 자유롭게 설전이 오가는 상황이라면 말솜씨를 마음껏 뽐내도 좋다.

팬츠드렁크를 하는 사람들은 친밀한 사람과의 대화뿐만 아니라 페이스북에서 나누는 대화도 즐긴다. 인스타그램과 트위터에 글을 올릴 때는 대개 집중해야 하고 심지어는 노력이 필요하다. 한밤중에 술을 마시면서 가당하기나 한 말인가? 다들 알겠지만 짧은 글이 쉴 새 없이 쏟아지는 트위터는 자칫 하다가 인간관계를 망치는 건 물론이고 나라 간 전쟁 상황까지 일으킬 수 있다. 인스타그램 의 경우 어느 정도 명료한 시각과 정신력이 필 요하다. 남들이 봐서는 안 될 사진을 실수로라 도 올리지 않도록 조심하자. 밤이 깊어질수록

정신도 아득해지는 법이니까.

생방송 스트리밍, 특히 트위터의 생방송 스트리밍 애플리케이션 페리스코프Periscope는 팬츠드렁크를 할 때 절대 접근 금지다. 이미 일을 벌이고 난 뒤 무슨 말인지 모를 말을 웅얼대는 영상을 다시 보면 성공한 경우는 거의 없다. 녹음 당시 기분이 어땠든 간에.

팬츠드렁크의 목표는 무언가를 해내야 한다는 부담감을 완전히 내려놓고 휴식을 취하는 것이다. 따라서 소셜 미디어에 접속할 때는 절제가 필요하다. '좋아요'를 누르는 정도까지가 안전하겠다. 밤새 입 다물고 있을 자신이 없다고 다른 사람과 소통하면 안 될 이유는 없지만, 현대 기술이 메시지를 놀라울 정도로 오래 보관할 수 있다는 사실을 명심하라. 화면 캡처 역시 무서울 정도로 쉽다는 사실도.


노라 하가 파티 센트럴에서 실시한 포괄적인 연구를 바탕으로 우리는 다음 결론에 도달했다. "몇 가지 요령은 있지만, 팬츠드렁크 도중에 소셜 미디어를 하는 방법에 대해서는 따로 가이드를 주기가 불가능하다." 한 사람 한 사람의 성격과 취향이 특히 중요한 역할을 하기 때문이다. 그 순간의 상황과 분위기를 민감하게 헤아리는 능력이 중요하며, 이러한 능력은 경험을 통해 갈고닦을 수 있다. 하지만 팬츠드렁크는 하룻밤이 아니라 수년, 아니 수십 년에 걸쳐 행하는 의식이다. 우리 모두가 시행착오 끝에 결국에는

# '소셜 미디어+팬츠드렁크' 욕구의 5단계

**소셜 미디어 정복 욕구**

그날 밤 가장 인기 있는 글 포스팅과 가장 많은 '좋아요' 수,
다른 사람의 담벼락에 남기는 재치 있는 글 한 줄, 팔로어들의 칭찬 글

**소셜 미디어 채널 욕구**

페이스북, 인스타그램, 트위터 등
쌍방 소통과 참여의 기능

**장비 소유 욕구**

끝없는 자극을 제공하는
책, 잡지, 스포티파이, 텔레비전, 넷플릭스, 유튜브

**무료 와이파이 욕구**

4G, 급하면 3G라도. 넉넉한 배터리 잔량과 콘센트 확보

**안락한 공간에 대한 욕구**

눈비를 막아 주고 충분한 산소와 먹을거리가 제공되는 공간

미국의 심리학자 에이브러햄 매슬로우Abraham Maslow는 인간의 욕구는 낮은 단계에서부터
그 충족도에 따라 높은 단계로 성장해 간다는 욕구위계론을 폈다. 생리적 욕구, 안전 욕구,
소속과 애정의 욕구, 존경 욕구, 자아실현 욕구가 그 순서에 해당한다.

* 출처: 매슬로우의 인간 욕구 5단계 & 노라 하가 파티 센트럴

자기만의 리듬을 찾을 것이다.

소셜 미디어에서 하는 실수는 용납되어야 한다. 그것도 삶의 일부니까. 긍정적인 측면에서 사소한 실수는 탐구와 발견의 기쁨을 주며, 배움의 기회가 된다. 팬츠드렁크 도중에 소셜 미디어를 이용하다 보면 한두 번, 아니 열 번도 더 도를 넘기 십상이지만, 그럼으로써 언행을 조심하자는 다짐을 할 수 있다. 이 문제에 있어서는 두 가지, 곧 자제력과 친구가 필수다.

인기 관리 차원에서 팬츠드렁크와 소셜 미디어를 함께하는 것은 장점이 될 수 있다. 팬츠드렁크를 하면서 해방감에 어느 정도 풀어지기는 하지만, 보통 자기에게 불리하지 않을 정도로 술을 자제할 정신은 있으니까.

가령, 페이스북 친구 중 누구도 프랑스의 사회학자 피에르 부르디외에 대한 통찰력 있는 당신의 분석이 꼬질꼬질한 추리닝을 입고 방귀를 뀌면서 위키피디아에서 복사해 붙인 내용이라는 사실을 알지 못한다. 글이 잠시 끊기면 심오한 예술적 고민 중이라고 생각하지, 박스 와인에 아예 입을 갖다 대고 정신없이 술을 마시고 있다고 누가 상상이나 하겠는가.

SNS에서는 매력적이면서도 요령 있고, 재치 넘치면서도 지적이고, 인정 가득하고 통찰력 있으면서도 소탈한 모습을 유지할 수 있다. 오로지 그렇게 보이는 일에만 집중하고 있으니까. 사실은 은밀한 부위를 벅벅 긁으면서 코를 파고, 코를 파던 바로 그 손가

락으로 스마트폰을 두드리고 있다는 사실을 아는 사람은 아무도 없을 테니.

술을 마시면서 소셜 미디어를 할 때 최고의 장점은 친구, 지인, 지인의 지인을 상대로 마술 같은 사교성이 발휘된다는 점이다. 그럼에도 팬츠드렁크는 완전히 낯선 영역으로 진입하기에 바람직한 활동은 아니다. 아직 정신줄을 붙들고 있는 상태라면 술을 마시면서 시끄러워질 만한 토론이나 언쟁은 피하는 게 좋다. 타고난 논리의 왕이 아니라면 말이다.

## 나의 팬츠드렁크

"저는 술만 마시면 정말 외향적으로 변해요. 팬츠드렁크를 할 때도 마찬가지고요. 술집이 너무 멀거나 밖이 너무 춥거나 청바지를 입을 힘이 없으면 집에서 혼자 술을 마셔요. 하지만 술이 몇 잔 들어가면 누군가와 말을 하고 싶어져서 여기저기 수백 통씩 전화를 해 대죠. 요즘은 휴대폰에 부모님과 남동생 전화번호만 저장해 놨어요. 뭐 제 친구들은 더 이상 전화를 받지도 않지만요. 하지만 페이스북 메신저만은 활활 불타오르죠. 다음 날 수신함에 쌓인 새 메시지 수십 개를 보고 당연히 혼자 민망해지고요. 보통은 와인 몇 잔을 털어 넣은 다음에야 겨우 용기가 생겨서 제가 보낸 메시지, 아니 제가 토해 놓은 쓰레기를 확인해 본답니다."

—그래픽 디자이너(여, 44)

# 좋아하는 음악이
# 흐르는 저녁

대개 술과 음악은 최고의 짝꿍이다. 내 안의 감성을 일깨우는 꿀맛 같은 술 한잔! 세상의 모든 음악은 많은 면에서 언어와 비슷하다. 라디오헤드의 〈노 서프라이즈No Surprises〉처럼 메시지를 보내는 단순한 기능을 하기도, 릴리 앨런의 〈꺼져F**k You〉처럼 감정을 표현하기도, AC/DC의 〈하이웨이 투 헬Highway to Hell〉처럼 선언을 하기도, 아니면 나폴레옹 14세의 〈그들이 날 데리러 오고 있어, 하하!They're Coming to Take Me Away, Ha-Haaa!〉처럼 그저 어떤 순간의 감정을 전하기도 한다.

일반적으로 거의 모든 사람들이 음악을 좋아한다면 팬츠드렁크할 때라고 예외일 리가 없지 않은가? 음악은 우리의 손을 잡아

끌고 우리가 가고 싶은 곳, 때로는 우리가 가고 싶지 않는 곳으로 이끈다. 익숙한 노래를 들으면 때로 그 순간의 감정과 분위기에 압도되는 경우도 있지만, 분별 있는 사람이라면 언제쯤 우울하게 중얼거리는 곡에서 경쾌한 곡으로 바꿔야 하는지 그 타이밍을 기가 막히게 안다. 모두 윈윈인 셈!

팬츠드렁크의 최대 장점은 본인이 듣고 싶은 음악을 직접 고를 수 있다는 것. 옆에 나이 든 세대가 없다면 킹 크림슨, 닐 영, 젠틀 자이언트 같은 하품 나는 옛날 히피들의 노래를 귀가 따갑도록 듣는 고문을 당하지 않아도 된다. 반대로 집안의 꼬맹이가 집을 비웠다면 온 집을 뒤흔드는 일렉트로닉 댄스 음악을 듣지 않아도 된다! 혼자 있을 때면 듣고 싶은 노래를 볼륨을 최대한 높여서 들을 수 있는 자유가 주어진다.

심지어 악기까지 연주할 수 있는 행운아라면 자기 손으로 그날 밤의 배경 음악을 만들 수도 있다. 그냥 같은 E코드 몇 개만 반복해서 연주한다 해도, 그럴 수 있다는 사실만으로 얼마나 짜릿한가?

예/아니오
□ ☒!

# 팬츠드렁크에 적합한 음악 장비

예/아니오
☒ □

예/아니오
☒ □

예/아니오
☒ □

예/아니오
☒ □

예/아니오
☒ □

예/아니오
☒ □

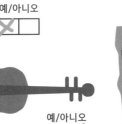

예/아니오
☒ □

예/아니오
□ ☒!

예/아니오
☒ □

예/아니오
☒ □

예/아니오
□ ☒

## 에어 기타 실력 뽐내기

자고로 음악을 연주하고 노래를 한다는 것은 건강함의 상징이다. 거울 앞에서 조용히 상상 속의 기타를 집어 들어라. 한밤중에 팬츠드렁크를 하면서 록 스타 흉내를 낼 때 몸을 격렬하게 움직여 주면 그야말로 '스웨그' 그 자체. 아래는 노라 하가 파티 센트럴의 바이브레이션 연구 부서가 추천하는 에어 악기 연주곡이다. 악기별로 분류해 봤다.


### 에어 기타

블러 〈송 2Song 2〉

라몬즈 〈블리츠크리그 밥Blitzkrieg Bop〉

허리게인스 〈미스터 엑스Mister X〉

조앤 제트 앤드 더 블랙허츠 〈아이 러브 로큰롤I Love Rock 'n Roll〉

레드 제플린 〈웬 더 레비 브레익스When the Levee Breaks〉

에어 드럼

지미 헨드릭스 익스피리언스 〈매닉 디프레션Manic Depression〉

저넷 〈포르케 테 바스Porque Te Vas〉

인크레더블 봉고 밴드 〈아파치Apache〉

라몬즈 〈블리츠크리그 밥Blitzkrieg Bop〉

데이브 브루벡 쿼텟 〈테이크 파이브Take Five〉

에어 베이스

킬러스 〈섬바디 톨드 미Somebody Told Me〉

스트랭글러스 〈워크 온 바이Walk On By〉

뉴 오더 〈퍼펙트 키스The Perfect Kiss〉

라몬즈 〈블리츠크리그 밥Blitzkrieg Bop〉

할로 헬싱키! 〈베이비Beibi〉

## 에어 마이크

나일론 비트 〈비메이넨Viimeinen〉

셀린 디옹 〈올 바이 마이셀프All By Myself〉

라몬즈 〈블리츠크리그 밥Blitzkrieg Bop〉

아델 〈섬원 라이크 유Someone Like You〉

마젠타 스카이코드 〈키플링Kipling〉

## 에어 탬버린

벨벳 언더그라운드 〈아일 비 유어 미러I'll Be Your Mirror〉

레몬 파이퍼스 〈마이 그린 탬버린My Green Tambourine〉

라몬즈 〈블리츠크리그 밥Blitzkrieg Bop〉

오아시스 〈원더월Wonderwall〉

블론디 〈데니스Denis〉

## 나의 팬츠드렁크

"2014년에 지금 사는 집으로 완전히 이사 왔지만, 1996년 여름에 몇 주 동안 이곳에서 지냈어요. 당시 여기 살던 사람이 휴가를 가면서 출장 와 있는 동안 여기서 지내라고 했거든요. 집에 근사한 음반이 많더라고요. 일이 끝나고 여유가 될 때마다 편의점에서 맥주를 몇 캔 사서 오디오 앞에 앉았어요. 제가 자주 듣던 노래는 브루스 스프링스틴의 앨범 <사랑의 터널Tunnel of Love>이었죠. 요즘은 박스 맥주를 마시면서 제 오디오로 그 앨범에 실린 곡 <누구보다 강한Tougher Than the Rest>을 즐겨 듣습니다. 맥주 한 캔을 마시면 스물한 살 때의 저로 돌아가고, 코냑과 보드카가 약간 들어가면 시간은 그 이전으로 돌아가죠."

—해외 통신원(남, 58)

# 영화와 드라마 속
## 팬츠드렁크

팬츠드렁크의 본질이 모든 면에서 정확하게 해석되지는 않는다. 팬츠드렁크를 일차원적으로 묘사한 영화들을 보면 부정적인 상황이 종종 연출된다. 영화에서 속옷 차림으로 홀로 술을 마시는 평범한 사람이 등장할 때, 대개는 우스꽝스럽거나 지저분하거나 애처로운 느낌을 풍긴다. 물론 모두 실제 팬츠드렁크의 본질과는 거리가 있다.

특히 할리우드 영화에서 혼자 술을 마시는 장면이 그런 부정적인 방식으로 그려지는 건 판에 박은 듯이 흔하다. 대표적인 장면 네 가지를 예로 들어 보자. 1980년에 개봉한 스탠리 큐브릭의 영화 〈샤이닝〉에서 잭 니컬슨이 연
기한 잭 토런스는 술을 마시면 폭
력적으로 변하는 캐릭터인데다,
사이코패스이자 위험인물이다. 프
란시스 포드 코폴라의 1979년 작
〈지옥의 묵시록〉에서 마틴 신이
연기한 벤자민 L. 윌러드 대위는 호텔 방에서 미쳐 날뛰며 자해를
한다. 한편 1942년에 나온 마이클 커티스 감독의 〈카사블랑카〉에
서 험프리 보가트가 분한 릭 블레인은 자기 연민 가득한 인물이
며, 1982년 스티븐 스필버그가 만든 〈이티〉의 주인공은 거실에서
외계 행성에서 온 생명체처럼 술을 마신다.

하지만 드물게 팬츠드렁크의 긍정적인 요소가 영화 속에 정확
하게 의미화된 경우도 있다. 가장 기분 좋은 연기는 샤론 매과이
어 감독의 2001년 작 〈브리짓 존스의 일기〉 도입부에서 러네이
젤위거가 연기한 주인공 브리짓 존스가 잠옷 차림으로 레드 와인
을 진탕 마시면서 큰 소리로 노래를 따라 부르는 장면이다. 제이
미 오닐이 부른 에릭 카먼의 곡 〈올 바이 마이셀프〉가 쾅쾅 울려
퍼지고, 브리짓 존스는 온몸을 던져 노래를 따라 부르다가 드럼
치는 흉내까지 낸다. 보는 사람을 무장해제시키는 그녀의 연기에
는 슬픔, 자기 연민, 유머, 나쁜 버릇까지 절묘하게 섞여 있다.

팬츠드렁크는 텔레비전 드라마에서 더 자주 볼 수 있다. 텔레

비전 드라마의 황금기인 요즘에는 등장인물이 중요한 결정을 내리고 행동을 실행에 옮기기 위한 전환점이 더 대담하게 그려진다. 이런 순간은 보통은 소파 위에서 텔레비전을 보는 평범한 일상에서 일어난다. 분위기가 〈매드맨〉에서처럼 엄숙하고 극적일 수도 있고, 〈앱솔루틀리 패벌러스Absolutely Fabulous〉에서처럼 축제 분위기일 수도 있다. 반대로 리얼리티 쇼에서는 보통 과음 장면으로 묘사되는데, 이때 만취한 사람이 멍청한 문제 행동을 일으키는 식이다. 노라 하가 파티 센트럴의 윤리 위원회는 팬츠드렁크를 이런 식으로 묘사하는 추세에 대단히 부정적인 입장이다.

앞서 이야기한 것처럼 과장된 자기 연민은 팬츠드렁크에서 대단히 중요한 역할을 한다. '카르페 디엠'의 정신으로 입에서 나오는 대로 내뱉는 한탄은 스트레스를 해소하고 삶의 균형을 찾을 수 있게 해 준다. 자기 연민과 내적 혼란 역시 소피아 코폴라 감독의 영화 〈사랑도 통역이 되나요?〉에서처럼 긍정적 결과로 이어질 수 있다. 빌 머리가 연기한 밥 해리스와 스칼릿 조핸슨이 연기한 샬럿은 오랜 비행으로 피로가 잔뜩 쌓인 상태다. 더군다나 현지인과 의사소통이 잘 되지 않아 소외감을 느낀다. 서로의 존재를 알게 되자마자 두 사람은 편한 차림으로 팬츠드렁크를 즐기고

오랜만에 숙면을 취한다.

〈브리짓 존스의 일기〉 말고도 팬츠드렁크의 정신을 정확하게 그려 낸 영화가 두 편 더 있다. 팀 버튼의 1992년 작 〈배트맨 2〉에서 미셸 파이퍼가 연기한 셀리나 카일은 우유를 통째로 벌컥벌컥 마신 뒤, 자신의 가치관과 우선순위를 뒤로하고 캣우먼으로 변신한다. 영화에서는 술 대신 우유이지만, 텅 빈 집 안에서 우유를 마시는 장면은 팬츠드렁크의 충전 효과를 충분히 느낄 수 있게 한다.

하지만 팬츠드렁크를 가장 정확하게 그린 영화는 1998년에 나온 코엔 형제의 고전 컬트 영화 〈위대한 레보스키〉이다. 영화 시작 후 32분쯤 주인공 듀드, 즉 레보스키가 양탄자 위에 누워 화이트 러시안 한 잔을 비운 뒤 워크맨으로 1987년 베니스 비치 볼링 리그 결승전을 듣는 장면이 나온다. 그 집중력과 행복감이라니! 다들 레보스키에게 참 배울 게 많다.

## 나의 팬츠드렁크

"학교 다닐 때 다른 여학생 다섯 명과 같이 살았어요. 의식처럼 일요일마다 주방 식탁에 모여 다 같이 술을 마셨죠. 어느 날 밤에는 분위기가 특히 울적했어요. 맥주를 몇 잔 마시다가 룸메이트 몇 명과 제가 분위기를 바꿔 뮤직비디오를 만들기로 했어요. 우리가 고른 노래는 스웨덴 밴드 레드넥스의 <위시 유 워 히어Wish You Were Here>였죠. 옷을 세 번 갈아입고 두 시간 정도 촬영을 하고 우리가 살던 100년 된 건물의 계단에 촛대를 하나 놓고 4분 동안 깡충깡충 뛰었어요. 다음 날 숙취에 시달리며 온 동네가 떠나가라 웃었죠."

—프리랜서 저널리스트(여, 24)

# 팬츠드렁크를 해야 하는 100가지 이유

스스로에게 휴식 시간을 주지 않으면 평생 쉬지 못할 것이다. 혼자만의 작은 도피를 할 이유가 필요한 사람들을 위해 팬츠드렁크를 하기 위한 100가지 핑계 목록을 작성해 봤다.

1. 오늘 할 일을 다 했으니까.

2. 내일 일하러 가야 하니까.

3. 내일 쉬는 날이니까.

4. 비가 오니까.

5. 내일 비가 올 거니까.

6. 일주일 내내 비가 내리고 있으니까.

7. 집 밖은 춥고 집 안은 따뜻하니까.

8. 가방 안에 포테이토칩이 남아 있으니까.

9. 오늘 밤 남편이 외출했으니까.

10. 오늘 밤 남편이 집에 있으니까.

11. 아내가 저녁 뉴스를 본 뒤 곯아떨어졌으니까.

12. 아직 결혼을 못 했으니까.

13. 언제 이렇게 나이를 먹이 비렸니 싶어시.

14. 집 청소를 해야 하니까.

15. (또 다시) 언제 이렇게 나이를 먹어 버렸나 싶어서.

16. 집 청소를 끝냈으니까.

17. 옆집 사람이 청소기를 돌리고 있으니까.

18. 고양이가 없으니까.

19. 고양이가 생겼으니까!

20. 옆집 아이가 고함을 지르니까.

21. 아이들이 할머니 할아버지 집에 가 있으니까.

22. 아이들이 할머니 할아버지 집에 가 있지 않으니까.

23. 빵 바자회에서 팔 빵을 구워야 하니까.

24. 빵 바자회에서 팔 빵을 다 구웠으니까!

25. 빨래를 다 했으니까.

26. 세탁물을 분류해야 하니까.

27. 세탁기를 돌렸으니까.

28. 옷장 청소를 해야 하니까.

29. 옷장을 뒤져 벼룩시장에 팔 옷들을 추렸으
니까.

30. 벼룩시장에 내놓을 만한 물건을 찾아
봐야 하니까.

31. 메일 수신함을 정리해야 하니까.

32. 메일 수신함 정리를 끝냈으니까!

33. 필요 없는 파일을 지워야 하니까.

34. 구석의 먼지 쌓인 이케아 가방에 뭐가 들어 있는지 살펴봐야 하니까.

35. 대학교 때 쓰던 노트를 발견했으니까! 이럴 수가!

36. 이 음반들을 어떻게 해야 하니까.

37. 일단 음반은 여기 놔두고 어쩔지는 나중에 고민하기로 했으니까.

38. 할 일 목록을 만들어야 하니까.

39. 1번: 할 일 목록 만들기.

40. 너무 피곤하니까.

41. 책꽂이의 책을 알파벳 순서로 정리해야 하니까.

42. 책꽂이의 책을 알파벳 순서로 정리했으니까.

43. 향신료 선반의 향신료들을 알파벳 순서로 정리해야 하니까.

44. 먼지를 털어야 하니까.

45. 내일 필요한 파워포인트 정리를 해야 하니까.

46. 내일 필요한 파워포인트 정리를 끝냈으니까.

47. SWOT 분석도 해야 하니까.

48. 이메일을 보내야 하니까.

49. 술이 반 병밖에 안 남았으니까.

50. 집에 레드 와인이 있던가?

51. 위스키가 약간 남아 있으니까.

52. 맥주도 몇 병 남았으니까.

53. 내일은 토요일이니까.

54. 내일은 일요일이니까.

55. 내일은 월요일이니까.

56. 내일은 화요일이니까.

57. 내일은 수요일이니까.

58. 내일은 목요일이니까.

59. 내일은 금요일이니까.

60. <더 보이스>(서바이벌 오디션 프로그램. 한국에서는 <보이스 코리아>라는 이름으로 방영되었다) 하는 날이니까.

61. 고장 난 전자기기를 어떻게 해야 하니까.

62. 노키아의 초기 모델인 노키아3310을 가지고 있으니까.

63. 세계 최초의 휴대폰 노키아를 1991년 핀란드에서 만들었으니까.

64. 그 사람들이 뭐라고 했는지 궁금하니까.

65. 다시 가게에 가서 우유, 바나나, 토마토를 좀 사 와야 하니까.

66. 시스템 A, B, C가 열역학적 평형 상태라면, A와 B 역시 평형 상태이니까.

67. 약간의 안정이 필요하니까.

68. 완벽한 안정 상태이니까.

69. 혀로 팔꿈치를 핥는 게 인간으로서는 불가능한 일이니까.

70. 맞아, 난 그걸 못 하니까.

71. 그리스 국가가 157절까지 있으니까.

72. 우주는 무한하니까.

73. 수입 맥주가 한 병 더 남은 것 같으니까.

74. 그리스 국가가 드디어 끝나니까.

75. 내일부터 건강한 삶을 시작할 거니까.

76. 다음 달부터 건강한 삶을 시작할 거니까.

77. 헬스클럽이나 수영장을 가야 하니까.

78. 기린은 수영을 못 하니까.

79. 그럼에도 기린은 날씬하고 몸이 근육질이니까.

80. 기린에게 1:0으로 밀렸으니까.

81. 기린의 입장? 알 게 뭐야?

82. 핀란드인은 세계 어떤 나라보다 1인당 커피 소비량이 많으니까.

83. 아내 업고 달리기 세계 선수권 대회가 1992년부터 핀란드 손카야르비 Sonkajärvi에서 열렸으니까.

84. 리눅스 운영 시스템을 핀란드에서 만들었으니까.

85. 핀란드는 세계에서 1인당 헤비메탈 밴드의 수가 가장 많은 나라니까.

86. 헬싱키 지하철이 세계 최북단에 있으니까.

87. 핀란드에 총 187,888개의 호수가 있으니까.

88. 핀란드에 공중전화가 한 대도 남아 있지 않으니까.

89. 핀란드에 있는 사우나 수가 330만 개인데, 인구는 550만 명이니까.

90. 핀란드 국토 면적 중 4분의 3이 숲으로 덮여 있으니까.

91. 재채기의 평균 속도가 시속 100마일이니까.

92. 기네스북이 도서관에서 가장 많이 분실된 도서 1위니까.

93. 환타는 나치 독일에서 만들어졌으니까.

94. 옥수수 한 알은 주로 탄수화물로 이루어져 있으니까.

95. 런던의 사보이 코트Savoy Court에서 차는 우측통행을 해야 하니까.

96. 연필 한 개로 그릴 수 있는 선의 평균 길이는 약 56킬로미터이니까.

97. 안네 프랑크와 프랭크 게리(1929년 태어난 캐나다 출생의 미국 건축가)가 같은 해에 태어났으니까.

98. 인간은 눈을 크게 뜨고 재채기할 수 없으니까.

99. E=mc²이니까.

100. 늘 핑계는 있는 법이니까.

# 그날의 분위기를 만드는
## 멋진 동영상

텔레비전이나 영화가 팬츠드렁크할 때 딱 좋은 친구인 이유는 앞에서 이미 살펴봤다. 그런데 팬츠드렁크를 하면서 뭘 보면 좋을까? 이어지는 자료는 노라 하가 파티 센트럴 영상 연구 부서의 최근 연구 결과를 바탕으로 한 것이다. 1차 결과에 따르면 안드레이 타르콥스키의 심오한 영화는 팬츠드렁크에 적합하지 않다. 절대, 결단코!

적합한 동영상을 고르는 문제도 음악과 마찬가지로 그날 밤의 상황이나 분위기에 달려 있다. 다행히 현대 기술이 발달한 덕에 우리는 원하는 동영상을 원하는 장소에서 언제든지 볼 수 있다.

## 영화

시작부터 심오한 주제를 다루거나 인간관계를 우울하게 그리는 드라마를 보는 건 추천하지 않는다. 그러나 술자리를 마무리하는 단계라면 이런 영화가 취한 채 그대로 잠들기에 좋다. 팬츠드렁크를 할 때 중요한 한 가지는 그다지 집중이 필요치 않은, 줄거리가 간단한 영화를 고르는 것이다. 여기에는 고전 명작, 아무 생각 없이 웃을 수 있는 코미디, 머리를 쓸 필요가 없는 액션 영화나 공상 과학 블록버스터가 있다.

## 텔레비전

많은 팬츠드렁크인에게 텔레비전은 가장 익숙한 형태의 백색 소음이다. 특히 집이 아닌 다른 장소에 있을 때 웅얼거리며 떠들어 대는 텔레비전 소리는 편안한 분위기를 조성한다. 심지어 아무 소리도 나지 않는 장면조차. 텔레비전 화면의 깜박거리는 불빛을 보면 마음이 편안해지는 것은 본능적인 반응일지도 모르며, 심지어 모닥불의 은은한 불빛처럼 느껴지기도 한다. SNS를 할 때 깔리는 배경음으로 이보다 더 훌륭한 소리는 찾기 힘들 것이다.

한 가지 분명한 사실은 텔레비전의 일방향성이 현실 도피를 바라는 마음을 부추길 수 있다는 것이다. 방송 진행자는 방송을 진행하고 우리는 그 모습을 본다. 하지만 술기운에 마음이 열린 이들은 방송을 보고 새로운 세상에 눈을 뜬다. 특히 호텔의 변변찮은 채널은 팬츠드렁크를 하는 이들에게 평소라면 결코 가지 않을 곳으로 가라고 옆구리를 쿡쿡 찌른다. 평소의 생활에서 벗어나 새로운 세계를 발견하라고 재촉하고, 자신의 인생관을 되돌아보라고 부추기며, 사람들을 더 깊이 이해하게 만든다. 늘 울상인 사람이 알고 보면 라이프스타일 채널에서 하는 리얼리티 쇼를 대단히 즐겨 보는 은밀한 취향이 있을지도 모르지만, 주변 사람들에게 굳이 이 사실을 밝힐 필요는 없다.

하지만 일방향성이 존재 이유인 텔레비전 프로그램이 있다. 바로 스포츠 방송이다. 아이스하키 세계 선수권 대회 결승전을 몇 달 후에 보는 게 무슨 재미가 있겠는가? 스포츠 경기는 모든 곳에서 동시에 실시간으로 방송되는 것이 묘미다. 덕분에 팬츠드렁크를 즐기는 사람과 현장에서 경기를 관람하는 사람 모두 실시간으로 경기를 함께할 수 있다. 시즌 결승전을 소파에서 혼자 볼 때도 실제로는 전국 또는 세계인의 경기에 동참하고 있는 것이다. 이때 적당한 알코올은 집단적 경험에 더욱 몰입하게 만드는 효과가 있다.


## VOD(주문형 비디오)

VOD는 팬츠드렁크를 완벽한 시간으로 만들어 준다. 그날 밤을 시작할 때 기분이 아메바 같았든 신났든 멍했든 개의치 마라. 술이 들어가면 온라인에서 기분에 완벽하게 들어맞는 프로그램을 찾을 수 있을 테니. 코미디든, 시트콤이든, 드라마든, 액션이든 시간을 효과적으로 쓰고 싶다면 30분 내외의 짧고 재미있는 프로그램을 추천한다. 한 편으로는 뭔가 부족한 기분이 들어 한자리에서 정신을 잃고 몇 편을 연이어 보게 될 테니. 무엇보다 이렇게 눈으로 즐기는 과식은 살이 찌지도 취하지도 않으니 금상첨화다.

영상의 궁극적 보고는 유튜브. 성년이 되면서 새로운 나라에서 새로운 문화의 십자 포화에 휩싸인 젊은이들을 그리는 흑백 다큐멘터리가 넘쳐난다. 고양이 영상은 더 넘쳐 나고. 그걸 다 보기도 전에 새로운 초신성이 나타날 것이다. 맞다, 우리라고 고양이 동영상 사이트를 만들지 말라는 법도 없지!


## 역대 스포츠 경기(재방송 포함) 명장면

올림픽, 월드컵, 투르 드 프랑스(매년 7월 프랑스에서 개최되는 세계 최고 권위의 일주 사이클 대회)를 비롯해 스포츠 경기의 역대 명장면은 늘 실시간으로 방송된다. 하지만 스포츠 방송 자체가 팬츠드렁크에 딱 어울리는 선택이라고 할 수는 없다. 스포츠 경기는 좀처럼 시간을 맞춰 보기 힘들다. 또 손에 땀을 쥐게 하는 흥분은 팬츠드렁크의 정신인 '휴식과 여유'와는 다소 상충된다. 경기 막

판의 역전극은 보는 사람의 아드레날린을 솟구치게 하고 혈압을 높이기 때문에 다시 진정하려면 시간이 필요하다.

영화를 볼 때와 마찬가지로 팬즈드렁크를 하면서 스포츠 경기를 볼 때 불필요한 위험을 감수할 필요는 없다. 프로 경기의 흥분되는 세계로 빠져들고 싶은 충동이 들 때 알맞은 선택은, 뇌의 쾌락 중추를 적당히 활성화시킬 수 있도록 이미 봤던 경기의 명장면을 보는 것이다. 다시 말하지만, 유튜브나 다른 비디오 서비스를 이용하기를 추천한다.

| 순위 | 나라 | 메달 1개당 인구수 |
|------|------|------------------|
| 1 | 핀란드 | 17,848명 |
| 2 | 스웨덴 | 19,211명 |
| 3 | 헝가리 | 20,330명 |
| 4 | 바하마 | 27,204명 |
| 5 | 덴마크 | 28,765명 |
| 6 | 노르웨이 | 32,716명 |
| 7 | 불가리아 | 33,938명 |
| 8 | 자메이카 | 34,690명 |
| 9 | 뉴질랜드 | 37,885명 |
| 10 | 에스토니아 | 38,764명 |

\* 출처: 인구 당 메달 수(Medals per Capita)

**하계 올림픽 국민 1인당 메달 수 세계 최다국, 핀란드**

## 핀란드인이 즐겨 볼 만한 경기 명장면

육상 선수 라세 비렌이 1972년 뮌헨 올림픽과 1976년 몬트리올 올림픽 5,000미터·10,000미터에서 금메달을 따던 장면

육상 선수 유카 케스키살로가 2006년 예테보리 유럽 육상 선수권 대회 3,000미터 장애물 경기에서 우승하던 장면

티나 릴라키 선수가 1983년 헬싱키 올림픽 스타디움에서 열린 창던지기 경기에서 금메달을 차지하던 장면

미카 해키넨 선수가 1998년 포뮬러1 세계 선수권에서 1위를 차지하던 장면

핀란드가 2011년 세계 남자 아이스하키 선수권 대회에서 우승한 경기, 특히 최종전

언제 어디서나 즐기는
팬츠드렁크

# 집 밖에서도
## 팬츠드렁크를 즐길 수 있다

1년에 한 번 떠나는 휴가에서만 호텔에 묵는 사람들은 축복받은 사람들이다. 그들에게 '인간 야간 보관함'에 들어가는 일은 매번 낯선 경험일 테니. 누군가 잠자리를 준비해 놓다니! 카펫을 청소해 놓다니! 욕실 거울에 치약 자국이 없다니!

하지만 업무 특성상 출장과 호텔 투숙을 밥 먹듯이 하는 사람들은 그렇지 않다. 그들은 스포츠 경기, 회사 연수 기간, 전당 대회, 도서전, 고객사 미팅 기간에 똑같이 생긴 네모난 방 안에서 얼마간 지낸다. 임시 숙소 생활로 만신창이가 되고 장기간, 또는 반복적인 출장으로 정서적 마비에 걸린 상태다. 이런 운명은 익숙하지 않은 환경에서 즐겁게 시간을 보낼 방법이 도통 생각나지 않는 호텔 투숙객에게 쉽게 닥친다. 놀 거리도 챙겨 오지 않고, 배우자나 가족을 동반하지도 않은 경우가 대부분이다.

그런 상황에서는 전략적 접근이 필요하다. 팬츠드렁크는 소외감, 무력감을 물리치기에 완벽한 도구다. 그곳이 어디든 약간은 집에 온 것처럼 편안한 느낌을 주기도 한다.

맞다. 놀랍게도 집에 있다는 행복감을 느낄 수 있는 도구인 팬츠드렁크는 어쩔 수 없이 집을 떠나 있는 동안에도 유효하다. 이때 핵심은 평온함이다. 자신을 위해 시간을 내고, 의식적으로, 심지어 뻔뻔할 정도로 당당하게 그런 시간을 갖는 것이 중요하다. 인간은 누구나 힘들 때 자기만을 위한 시간을 보낼 당연한 권리가 있다. 이런 이유로 자주 출장을 다니는 사람들은 회사에 1인용 호텔 객실을 당당하게 요구해도 된다.

학회나 세미나의 경우 너무 시간을 많이 잡아먹어서 자기 내면의 이야기에 귀를 기울이거나 배터리를 재충전할 한두 시간을 내기가 힘들다. 그럴 것 같으면 심한 두통이 있다고 핑계를 대고 그날 마지막 회의를 빠지는 게 최선이다. 팬츠드렁크의 명상 효과는 술을 마시는 사람이 앞으로의 시간을 방해받지 않는다는 보장이 될 때 진가를 발휘한다. 가령, 객실 문을 쾅쾅 두드리며 "내일 발표 자료를 한 번 더 점검하자"고 재촉하는 동료가 없어야 한다.


호텔 방에서 제대로 술을 마시기 위해서는 기본 준비물을 챙겨

과자 한 봉지

생존 키트

티슈

헤드폰

브랜디 작은 병

맥주 세 병

탄산 미네랄 스파클링 워터

스마트폰과 충전기

살라미 스틱

치즈

노트

양모 양말

사탕

야 한다. 이 준비물에는 술, 책이나 잡지, SNS를 할 스마트폰, 과자, 양모 양말 등 최소한의 물건들이 포함된다.

팬츠드렁크에 대한 지식이나 경험이 부족한 사람들은 양모 양말을 의아하게 생각할 수 있지만, 노라 하가 파티 센트럴의 열역학 연구 부서는 양모 양말을 한번 신어 본 사람들은 절대 벗지 않는다는 사실을 증명해 냈다. 온기를 유지해 주는 건 물론이고 편안하고 긍정적인 기분을 불러오기 때문에 마음의 평화를 얻는 데

| 순위 | 나라 |
|------|------|
| 1 | 싱가포르 |
| 2 | 헬싱키 |
| 3 | 샌프란시스코 |
| 4 | 베를린 |
| 5 | 스톡홀름 |
| 6 | 텔아비브 |
| 7 | 취리히 |
| 8 | 서울 |
| 9 | 함부르크 |
| 10 | 토론토 |

\* 출처: 네스트픽(Nestpick)

**세계에서 기업하기 좋은 도시 2위, 헬싱키**

그만이다. 양모 양말을 처음 신기 시작한 나라는 북극 근처에 있는 북유럽 국가들이지만, 이 기특한 발명품은 외풍이 있거나 난방 장치가 신통치 않은 호텔 방에서도 유용하게 활용할 수 있다. 팬츠드렁크를 하기에 이상적인 온도는 양모 양말과 속옷 하나만 걸쳐도 괜찮은 온도다. 쉽게 말해 23~26℃ 사이다. 환경에 유익한 온도라고 할 수는 없을지 모르지만, 호텔 방에서 술을 마실 때 만드는 탄소 발자국은 전 세계의 소가 방귀를 뀔 때 만들어 내는 탄

| 순위 | 나라 |
|:---:|:---|
| 1 | 스웨덴 |
| 2 | 핀란드 |
| 3 | 노르웨이 |
| 4 | 네덜란드 |
| 5 | 벨기에 |
| 6 | 덴마크 |
| 7 | 슬로베니아 |
| 8 | 포르투갈 |
| 9 | 스위스 |
| 10 | 이탈리아 |

\* 출처: 세이브 더 칠드런 기금(Save the Children Fund)

**세계에서 여성이 살기 좋은 나라 2위, 핀란드**

소 발자국보다는 훨씬 적다.

호텔 객실은 잠깐 머무는 장소이기는 하지만 혼자만의 밀폐된 공간이라는 점에서 자아실현의 가능성이 무궁무진하다. 방 하나의 비용을 지불하고 팬츠드렁크를 하는 사람은 대담한, 심지어 경솔한 행동을 할 수 있는 공간을 얻은 셈이다. 그런 상황에서 팬츠드렁크 행위는 때로 집에서의 규칙과 관습을 넘어 더 다면적인 모습으로 확장될 수 있다. 호텔 방에서 내가 무슨 짓을 하든 지켜보는 사람이 아무도 없으니까. 심지어 자기 자신조차. 일시성과 익명성이 팬츠드렁크 중인 사람을 자유롭게 하고 한계에 도전하게 만든다. 내가 옷을 훌훌 벗어 집어 던지든, 몸의 은밀한 부위를 만지작대고 들여다보든, 창문 앞에서 전라로 폴댄스를 추든 누가 알겠는가. 집에서라면 이런 행동들이 누군가의 눈살을 찌푸리게 하겠지만, 호텔 방에서 술을 마시는 동안 이 같은 행동은 권장, 아니 의무다.

## 나의 팬츠드렁크

"가끔 맥주 서너 병을 비우고 인사불성이 되어 제가 만든 음악을 들었어요. 제 손으로 만든 영상을 보고, 응원과 칭찬의 의미로 제 등을 토닥이고 영감을 되찾곤 했죠. 팬츠드렁크를 하면 자기비판 같은 건 비집고 들어갈 틈이 없어요. 맥주는 천천히 이 같은 행복감으로 빠져들기에 최적의 도구죠. 심지어 레드 와인도 강한 축에 속해요. 하지만 때로는 적당한 타닌이 만들어낸 용기가 신기하게 효과를 발휘할 때도 있어요."

—작곡가 겸 음악가(남, 46)

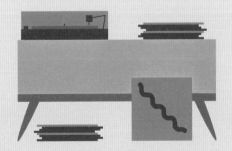

맥주는
시원해야 제맛!


　팬츠드렁크의 빠른 피로 회복과 휴식 효과는 안전하고 익숙한 집이 아닌 집 밖의 다른 장소에서도 얻을 수 있다. 없는 게 많은 불편한 환경에서 팬츠드렁크를 하는 사람에게 가장 어려운 문제는 캔 맥주나 병맥주를 마시기 좋은 온도로 빠르게 냉각하는 일이다. 홀로 조용히 생각에 잠겨 본 적 있는 사람이라면 거의 누구나 팬츠드렁크를 즐기기 딱 적합한 상황을 만난 적이 있을 것이다. 하지만 그럴 때마다 짜증스럽게도 맥주가 미지근하다. 그러나 걱정 마시라. 편리한 냉장고를 대신할 방법은 넘쳐 난다. 행복한 '혼술'을 위한 맥주 급속 냉각 비법을 공개한다. 불행히도 빠른 동시에 저렴한 방법은 도통 없다.

노라 하가 파티 센트럴 냉각 컨설팅 부서가 제공한, 맥주를 시원하게 마실 수 있는 몇 가지 방법을 공개한다. 이 방법은 당연히 사과주와 스파클링 와인 같은 다른 음료에도 적용할 수 있다.

### 냉동고

냉동고와 얼음이 있다면 아주 간단하다. 하지만 이 방법은 대개 집 아니면 괜찮은 시설의 호텔, 에어비앤비 숙소에서나 가능한 일이다. 어떤 냉동고냐에 따라 캔 맥주에 살얼음이 낄 정도로 차가워지려면 30~50분이 걸린다. 캔 맥주를 꽝꽝 얼려버리는 것은 아마추어임을 만천하에 공개하는 일이니 너무 오랜 시간 맥주를 냉동고에 내버려 두진 말자. 한번 얼어 버린 맥주를 녹이면 먹을 수야 있겠지만 탄산이 확 줄어들어 버리니까. 웩!

캔 맥주를 젖은 종이 휴지로 싸서 냉동고에 넣으면 효과를 극대화할 수 있지만, 젖은 휴지의 물이 냉동고에 떨어지지 않도록 조심하라. 이렇게 하면 보통 10~15분 만에 맥주가 시원해진다.

대형 냉동고에서 맥주를 냉각하는 가장 빠르고

저렴한 방법은 잘게 간 얼음과 차가운 물이 가득 담긴 커다란 대야나 양동이에 맥주를 넣어서 냉동고에 보관하는 것이다. 전 세계에서 검증된 이 방법은 얼음물에 소금을 한 움큼 넣으면 효과가 극대화된다.

사전 준비가 약간 필요한 방법이기는 하지만, 2~5분 만에 급속 냉각된 차가운 맥주로 그 노력을 보상받을 수 있다.

## 냉장고

이용할 수 있는 도구가 냉장고뿐이라면 속도가 생명이다. 우선 바로 맥주를 냉장고의 가장 시원한 부분에 채워 넣어라. 보통은 냉장고 맨 아래 칸 안쪽이 가장 시원하다. 두 병은 따로 빼서 특별 관리에 들어가라. 찬물을 틀고 흐르는 물 아래 둘 것. 15분쯤 뒤에도 먼저 넣은 맥주는 여전히 미지근할 테지만 어쩔 수 없다. 현실을 받아들이고 즐겨라. 두 번째 맥주는 좀 더 먹을 만할 테니.

## 자연력

어떤 사람들은 냉장고나 냉동고 없이 자연의 힘으로 맥주를 차갑게 식혀야 한다. 가령 전기가 들어오지 않는 여름 별장에 가 있는 경우. 다음 방법은 핀란드의 민간 전통인데, 그도 그럴 것이 핀란드 통계청에 따르면 2015년에 핀란드 전국의 여름 별장이 50만 개를 약간 넘었기 때문이다.

먼저, 물에 적신 두툼한 양말 안에 병맥주를 넣은 뒤 나뭇가지에 매다는 '팔랑개비 방식'이 있다. 바람이 적당히 강하게 불 경우 30분이면 맥주가 시원해질 것이다. '신문지 방식'의 경우에는 신문지를 길쭉하게 좌좌 찢어 물에 적신 뒤 맥주병을 감싼다. 종이에 흡수된 물이 맥주를 시원하게 냉각시켜 준다. '천연수 방식'은 환경에 가장 좋은 방법이다. 맥주를 비닐봉지나 어망에 담은 뒤 호수나 강, 바다에 조심스럽게 내려놓는다. 10분도 안 돼서 차가

위질 것이다. '압축 공기 방식'은 시원한 맥주를 마시고 싶은 욕망이 이글이글 불타오르고 돈이 썩어 난다면 마지막 보루로 쓸 만한 방법이다. 압축 공기 두 통이 필요한데, 맥주 캔 양쪽에 공기를 부는 방식이다. 이 방법을 쓰면 캔 맥주 하나당 가격이 18.75달러까지 올라간다. 그래도 시원한 맥주를 마실 수 있다는데, 가격이 대수인가?

# 헬싱키의 여름빛 아래 즐기는
# 맥주 한잔의 행복

팬츠드렁크는 1년 중 해가 제일 짧은 시기에 하면 딱 좋다. 틀림없이. 12월 말에 헬싱키는 하루 중 해가 떠 있는 시간이 여섯 시간도 채 되지 않는다. 어둠이 걷히면 핀란드 사람들은 점차 겨울잠에서 깨어난다. 마치 생애 처음으로 해를 보는 사람들처럼, 믿기지 않는다는 듯 실눈을 뜨고 빛이 넘실대는 눈부신 풍경을 이리저리 살핀다.

핀란드에도 사계절이 있긴 하다. 연일 비 오는 가을, 어두컴컴한 겨울, 눈이 녹아 발아래가 질척대는 봄, 그리고 여름. 이 중 가장 짧은 계절은 여름으로, 보통은 7월 마지막 두 주 정도다. 핀란드의 여름은 짧지만 비교적 눈이 적게 와서 기온이 영상으로 올

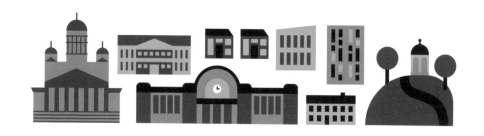

라가기 때문에 이 절호의 기회를 놓치지 말아야 한다.

길고 혹독한 겨울을 견뎌 낸 사람들에게 핀란드의 여름은 지지 않는 태양으로 보답한다. '한밤의 태양의 나라' 핀란드에서는 여름에 전국적으로 백야가 나타난다. 그런데 이런 황금 같은 시기에 집에서 혼자 술을 마신다고? 당치도 않은 소리! 따뜻한 여름이 시작되면 핀란드 사람들은 겨울 코트를 벗어 던지고 야외 활동 마니아다운 면모를 드러낸다. 술 역시 야외에서 마신다. SNS 대신 야외의 현장이 새로운 소식과 소문을 주고받는 장이 된다. 핀란드의 하지 '유하누스Juhannus'는 최대의 국경일로, 핀란드인들은 이때 대부분 휴가를 떠나거나 광란의 축제를 즐긴다. 각자 집에서 느긋하게 시간을 보내는 비사교적인 사람들인 줄로만 알았는데 놀라운 변화가 아닌가? 빛이 넘실대는 핀란드의 여름 날씨 역시 어떻게 변할지 모른다. 때로 영상 15도 이상으로 올라가기도 하니까.

이때 과연 어떤 풍경이 펼쳐질까? 팬츠드렁크가 푸시칼리아

pussikalja로 바뀐다. 푸시칼리아의 개념은 간단하다. 봉지를 뜻하는 푸시pussi와 맥주를 뜻하는 칼리아kalja, 맛있는 두 단어가 결합된 말이다. 이런 식이다. 슈퍼마켓에서 시원한 맥주를 산 뒤 비닐봉지에 담아 근처 놀이 공간이나 공원에 가서 마신다. 맥주가 떨어지면 가장 가까운 술집에 가서 술자리를 이어간다.

# 헬싱키에서 맥주 마시기 좋은 장소

핀란드의 수도 헬싱키는 종종 '발트해의 하얀 진주'라고 불린다. 노라 하가 파티 센트럴의 국가 비교 분석 부서에 따르면 헬싱키는 세계에서 병맥주를 가장 많이 마시는 나라 중 하나이기도 하다. 여름날 밤에 봉지 안에 든 맥주를 마시다 보면 도시는 완전히 새로운 빛으로 들어찬다. 거의 하루 종일 빛을 볼 수 있다. 한여름의 헬싱키는 하루 다섯 시간을 제외하고 내내 해가 떠 있으니까.

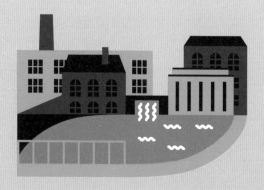

엘래인타르하 ELÄINTARHA

토코인란타 만 TOKOINRANTA

테르바사리 섬 TERVASAARI

시네브뤼크호프
공원 SINEBRYCHOFFIN PUISTO

카이보푸이스트
공원 KAIVOPUISTO

# 1. 카이보푸이스트 공원 Kaivopuisto

야외에서 맥주를 마시기에 고전적인 장소다. 이 공원은 1830년대 헬싱키 남단에 조성되었다. 상트페테르부르크 상류층이 드나들던 온천이 건설된 뒤였다. 전통적인 것을 좋아하는 사람들이 즐겨 찾는다. 멋들어진 바위부터 수오멘린나 요새, 핀란드 만에 이르는 환상적인 풍경이 펼쳐진다.

· 2차로 가기 좋은 곳: 시 호스Sea Horse

## 2. 테르바사리 섬 Tervasaari

오감을 깨우는 이국적 정취. 크루누하카 바로 옆에 위치한 이 작은 섬은 아름다운 해안가에서부터 플로우 페스티벌의 무대까지 볼거리가 이어진다. 여름 동안 정박해 있는 쇄빙선부터 신고전주의 앙피르 양식으로 지은 외교부 건물까지. 무엇보다 최고는 코르케아사리 동물원에서 울려 퍼지는 사자들의 포효 소리다.

· 2차로 가기 좋은 곳: 콜메 크루누아Kolme Kruunua

### 3. 엘래인타르하 Eläintarha

스타디움 콘서트와 스포츠! 식물원의 수영 경기장 사이에 있는 언덕 꼭대기에서 올림픽 스타디움에서 열리는 콘서트를 공짜로 관람할 수 있다. 핀란드 국가 대표팀이 예상을 빗나가지 않고 늘 패하는 축구 경기는 말할 것도 없고.

· 2차로 가기 좋은 곳: 하키 경기장 근처 아무 스포츠 바

## 4. 시네브뤼크호프 공원 Sinebrychoffin puisto

현지인들과 어울려 보라. 시네브뤼크호프 공원, 또는 애칭 '코파리<sup>Koffari</sup>'는 원래 시네브뤼크호프 양조장에 속해 있었다. 1860년대에 만들어진 벽돌 탑이 확실한 랜드마크 역할을 한다. 힙스터들에게 인기가 많다. 겨울에는 맥주와 함께 썰매도 즐길 수 있다.

· 2차로 가기 좋은 곳: 살베<sup>Salve</sup>

## 5. 토코인란타 만 Tokoinranta

헬싱키 도심의 일몰 명소. 분위기가 지나치게 그림 같다면 현지 술꾼을 찾아 약간의 스릴을 더해도 된다. 그 사람들에게 봉지에 든 맥주는 다름 아닌 삶의 방식이니까. 조심스럽게 행동에 옮겨 보자.

· **2차로 가기 좋은 곳: 뤼트미**Rytmi

**보너스: 탐페레의 코스키푸이스토 공원** Tampereen Koskipuisto

헬싱키를 넘어 도전해 보고 싶다면 북쪽으로 운전해 약 180킬로미터 거리에 있는 탐페레로 향하라. 핀란드에서, 아니 사실상 북유럽 지역 전체에서 가장 큰 내륙 도시다. 탐메르코스키 여울 둑에서 봉지에 담아 온 맥주를 마셔 보라. 19세기 산업 도시의 흔적이 남은 장엄한 풍경을 눈에 담고서.

· **2차로 가기 좋은 곳: 플레브나**Plevna

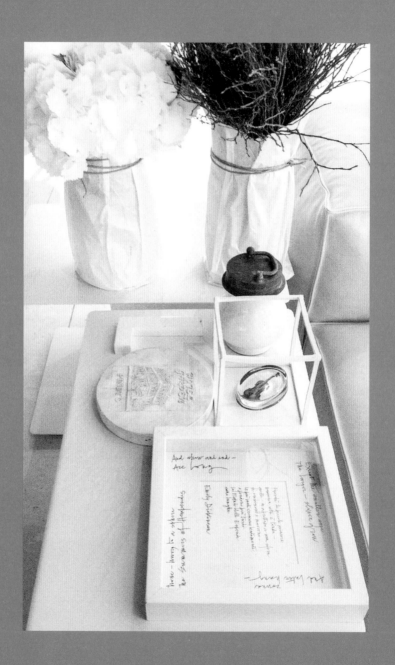

## 술 마시며
## 하기 좋은 심심풀이

물론 팬츠드렁크의 가장 중요한 목적이 '느긋한 휴식'이기는 하지만 그렇다고 전혀 아무 일도 하지 말라는 뜻은 아니다. 팬츠드렁크를 즐기는 많은 사람이 소파에서 빈둥거리며 시간을 보낸다. 좋다. 하지만 어떤 사람들은 약간의 육체 활동을 병행해야 기분이 좋아진다. 몸을 움직이면서 굳어 있던 관절을 풀어 주기도 하고 말이다.

노라 하가 파티 센트럴의 대표적인 팬츠드렁크 역사가들에 따르면, 이 방법은 핀란드의 과거 농경 사회에서부터 시작됐다. 물론 당시에도 해야 할 일에 비해 해는 너무 빨리 졌다. 기계식 농업이 확산되면서 여가 시간이라는 개념이 생겨났고, 이 남는 시간은 실용적인 취미나 소일거리로 채워야 했다. 가령 1960년대, 핀란드가 아직 농업 국가일 때 가족 중 여성들은 텔레비전을 보면서 깔개를 짜거나 다른 실용적인 취미 활동을 했다. 뜨개질은 오늘날까지 그 인기를 이어 오고 있다.

다음은 노라 하가 파티 센트럴이 제안하는 술 마시며 하기 좋은 소일거리들이다. 뭐든 그렇듯 적당해야 한다. 술김에 미친 듯이 집안 청소를 했다가 물건을 못 찾아 고생한 사람들의 경험담도 있으니.

집안일
짝이 안 맞는 검은색 양말 짝 찾기
이케아 조립, 해체, 재조립, 해체 등등
토스터 속 까맣게 탄 빵 부스러기 청소하기
현관 입구 정리함 속 잡동사니 정리하기
촛대의 촛농 긁어 내기
청소기 돌리기
부서진 시디 수납함 교체하기
손빨래하기
빨래 개기

자기 관리

코털과 귓속 털 다듬기

팔꿈치 때 벗기기

마스크팩 붙이기

블랙헤드 짜기

치실질

다리 또는 다른 부위 털 밀기(피 보지 않게 주의!)

요가 자세 따라해 보기

어릴 적 쓴 시 읽기

옛날 일기 읽기

가족 앨범 들춰 보기

페이스북 상태 업데이트

복근 운동과 등 운동

캔디 크러시 등의 모바일 게임

팔굽혀펴기

라디오 청취자 전화 참여

죽기보다 싫은 청소!

욕실 배수구 머리카락 뭉치 치우기

욕실 바닥 청소하기

주방 바닥의 정체 모를 끈적끈적한 오물 닦기

싱크대 음식물 통 비우기

쓰레기통 박박 문질러 닦기

고양이 화장실 치우기

오븐 청소

오두막집 옥외 화장실 청소

소파 밑에 떨어진 동전들 꺼내기

## 나의 팬츠드렁크

"혼자 술을 마시다가 어느 순간 제가 넷플릭스나 영화 채널, 아니면 불법으로 내려 받은 드라마를 계속 반복 재생하고 있더라고요. 저도 모르게 잠이 든 거예요. 잠시 이렇게 잠이 들었다가 새벽 4시에 갑자기 소파 위에서 잠이 깨요. 노트북은 여전히 제 배 위에 있고요. 어째서인지 한 번도 바닥에 떨어뜨린 적이 없죠. 우리 고모는 제가 어릴 때 혈기 왕성했다고 말하면 웃음을 터뜨리는데, 팬츠드렁크를 할 때는 진짜 열정이 넘쳤어요. 속옷만 입고 술을 마셨거든요."

— 마케팅·커뮤니케이션 팀장(남, 38)

# 맛있는 안주가 주는 행복

팬츠드렁크는 환경에 유익하며 건강하고 균형 잡힌 식사를 하는 시간이 아니다. 소금, 지방, 설탕이 잔뜩 들어간 음식이 필요한 시간이다. 콧방귀 뀌는 사람들의 입을 다물게 할, 믿을 만한 경험과 증거들이 넘쳐 난다. 어째서 허기가 질 때 술을 마시게 될까? 몇 가지 설명이 가능하다.

우선 알코올에는 해로운 성분이 있기 때문에 우리 몸이 알코올을 빠르게 분해한다는 설명이다. 이런 이유로 알코올 속 칼로리는 음식이나 다른 음료 속 칼로리처럼 포만감을 주지 않는다. 또 식욕은 단순히 음식을 먹고 싶은 신체적 욕구만은 아니라고 한다. 인간의 뇌는 편안한 상태와 알코올을 지방 함량이 높은 음식과

연관 지어 생각한다는 이론도 있다. 세 번째로, 이탈리아 퍼듀 대학교에서 실시한 연구에 따르면 알코올은 짠맛이 나는 음식의 맛을 한층 끌어올리고 인스턴트 음식을 당기게 만든다고 한다.

## 핀란드 사람들이 즐겨 먹는 술안주

그렇다면 어떻게 해야 할까? 물론 그냥 먹으면 된다! 다음은 노라 하가 파티 센트럴이 시민들을 대상으로 조사한 즐겨 먹는 술안주 목록이다. 주관식 질문의 결과를 종합해 보면 세 가지 공통된 특징을 알 수 있다. 준비, 섭취, 구입이 간단할 것.

에피타이저

프로슈토(돼지고기나 멧돼지의 뒷다리 혹은 넓적다리를 염장하여 건
조한 이탈리아의 햄)

소시지, 호밀 빵과 말린 토마토, 올리브

바게트, 브리·카망베르 치즈, 올리브

꿀과 사워크림을 곁들인 피클

살라미 소시지

포장 초밥

납작 빵

포테이토칩

샌드위치

코코아

메인 코스

직접 만든·냉동·포장·인스턴트 피자

달걀 프라이와 오레가노를 추가한 슈퍼마켓 샌드위치

페스토와 햄에 치즈를 갈아 넣은 파스타

할라페뇨를 잔뜩 넣은 테이크아웃 샌드위치

냉장고에 있는 재료로 대충 만든 햄버거

나만의 레시피로 만든 오믈렛

치킨 윙

중국 음식

디저트

샌드위치 쿠키

아이스크림

초콜릿

사탕 한가득

그리고 소화제

## 칵테일

팬츠드렁크를 할 때 선택할 수 있는 술의 종류는 무궁무진하다. 뭐든 괜찮다! 앞에서 이야기한 맥주와 와인은 안전한 선택지이며, 언제나 옳다. 하지만 맥주를 마시면 속이 너무 더부룩하다거나 왠지 다른 술로 바꿔 보고 싶은 사람이라면 대안은 널렸다. 와인 혼성주는 과하게 배가 부르지 않으면서도 강렬한 밤을 보낼 수 있는 기분 좋은 선택지다. 예를 들어, 드라이한 화이트 와인과 생수를 2:1의 비율로 섞거나 화이트 와인에 소다수를 섞은 스프릿츠 Spritz 한 잔은 언제 어느 자리든 잘 어울린다. 더 다양한 맛을 원한다면 보드카에 토마토 주스를 혼합해 블러디 메리를 만들어 보라. 간단한 요기도 되는 칵테일이다.

하지만 뭐든 적당해야 좋다! 팬츠드렁크 자리에서 바텐딩 기술을 뽐내거나 재료를 엄격하게 계량할 필요는 없다. 술은 그저 그날의 기분과 입맛에 맞게 선택하면 된다. 스트레스를 받으려고 마시는 게 아니라 쉬고 즐기는 게 목적임을 잊지 말자.

# 더 즐거운 팬츠드렁크를 위한 칵테일 레시피

## 상그리아 Sangria

· 오렌지 5개
· 레몬 2개
· 레드 와인 1병
· 레몬 소다 1L
· 얼음
· 시나몬 약간(선택 사항)

오렌지 3개의 즙을 짠 뒤 옆에 놔둔다. 남은 오렌지와 레몬을 얇게 썬다. 오렌지 즙과 썰어 둔 과일을 레드 와인에 섞는다. 소다수와 얼음을 추가하면 끝. 취향에 따라 시나몬 가루를 약간 뿌려도 좋다. 혼자 마신다면, 주스와 와인을 미리 섞어 차갑게 냉장해 둔 뒤 소다수와 얼음 한 컵을 한번에 넣으면 된다.

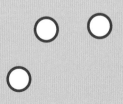

## 진 리키Gin Ricky

· 진 340mL
· 라임
· 소다수
· 시럽
· 얼음

하이볼에 얼음을 가득 채운다. 진을 붓는다. 라임을 4등분한 뒤 잔에 즙을 짜 넣는다. 라임 조각을 넣고 섞어 준다. 소다수를 가득 채운다. 단맛을 약간 추가하고 싶다면 시럽을 넣는다. 시럽은 집에서 미리 만들어 둘 수 있다. 물과 설탕을 1:1의 비율로 냄비에 넣고 설탕이 완전히 녹을 때까지 팔팔 끓이기만 하면 완성. 위스키의 경우 진 대신 버번위스키나 라이 위스키를 넣어도 된다.

## 레모네이드 핌스Pimm's & Lemonade

· **핌스 넘버원**Pimm's no.1 **1/4컵**

· **레모네이드 3/4컵**

· **오이**

· **오렌지**

· **딸기 또는 산딸기**

· **신선한 민트**

· **얼음**

얼음, 신선한 민트잎, 오이 2조각, 얇게 썬 오렌지 두어 개를 잔에 넣는다. 반으로 자른 딸기 또는 기호에 따라 산딸기를 통으로 넣어 준다. 핌스를 원하는 만큼 부은 뒤 레모네이드로 가득 채운다. 긴 스푼으로 젓는다. 더 많은 양을 만들고 싶다면 큰 병으로 준비하라. 언제든 혼자서 쉽게 만들어 마실 수 있는 칵테일이 완성된다.

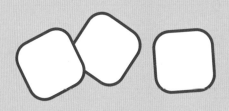

## 나의 팬츠드렁크

"숙취. 길고 긴 밤을 보낸 뒤의 멍한 아침. 어젯밤 먹고 남은 음식들로 혼자서 먹는 늦은 아침 식사, 그리고 술병들. 집에서 하루 종일 멍하니 텔레비전을 보면서 낮잠을 자고 정말 평화롭다고 혼잣말을 한 기억."

—박물관 큐레이터(여, 53)

# 팬츠드렁크 초심자를 위한
## 3가지 팁

    앞에서 팬츠드렁크의 배경과 이론을 살펴봤다. 그럼에도 불구하고 팬츠드렁크를 어떻게 해야 할지 아직 잘 모르겠다는 독자들도 있을 수 있다. 팬츠드렁크는 어떻게 시작해야 하고, 무엇을 하는 것이 좋으며, 다음 날 음성 메시지함은 대관절 왜 가득 차 있는 걸까? 부끄러워 말고 궁금한 점을 질문해도 괜찮다. 팬츠드렁크는 세계의 심리적 유산에 작은 나라 핀란드가 아주 작게나마 기여하고 있는 부분이다. 팬츠드렁크에 각 나라의 독특한 문화가 더해지면 시끌벅적하고 새로운 여가 활동들이 만들어질 테니까.

    노라 하가 파티 센트럴의 운영팀은 이론에만 치우치는 사태를 막기 위해 세 가지 팬츠드렁크 방법을 제시한다. 이 사례를 통해 다양한 팬츠드렁크의 형태를 이해하고, 기본 테마를 얼마나 다양하게 응용할 수 있는지 깨닫기를 바라며.


## 음주와 운동을 동시에

특히 한자리에서 움직이지 않고 일하는 사람들에게, 적당한 스트레칭은 근육 결림과 등, 목, 어깨, 손, 발의 통증을 유발하는 안 좋은 자세의 영향을 해소해 준다. 팬츠드렁크를 할 때도 마찬가지다. 한 자세로 계속 앉거나 누워 있는 건 몸에 해롭다. 소파는 한번 누우면 헤어 나올 수 없는 매력 덩어리다. 팬츠드렁크를 시작한 지 얼마 안 된 이른 저녁은 소파나 침대에 파묻혀 있어도 괜찮지만 밤이 무르익으면 약간씩 몸을 움직여 주는 편이 좋다.

아주 기본적인 운동은 팬츠드렁크에 필요한 술과 음식을 준비하고 나르면서 할 수 있다. 건강을 걱정하는 사람들은 밤에 술을 꺼내러 냉장고로 가는 김에 화장실 볼일까지 처리하는 행동을 하지 않는다. 귀찮더라도 최대한 많이 걸으려고 애쓴다. 앞 장의 '술 마시며 하기 좋은 심심풀이'에서 소개한 간단한 생활 운동을 통해 하룻밤 사이 걷는 걸음 수를 3,000보 이상으로 높일 수 있다.

팬츠드렁크를 할 때 몽유병이 있는 사람은 태생적으로 유리할지도 모른다. 잠을 자다가 일어나서 무의식 상태로 걷거나 다른 활동을 해서 운동량을 채우니까.

## 나의 팬츠드렁크

"팬츠드렁크를 하면서 온라인 쇼핑의 유혹에 스르륵 넘어가기 쉽죠. 저는 술을 마시면서 의류 쇼핑하는 건 이겨 냈는데 어쩐지 책은 예외예요. 우체국에서 집으로 가져오는 책 더미를 보고 직장 동료가 깜짝 놀랐을 정도로요. 어느 날 밤에 집에서 술을 마신 뒤 주문한 건데, 제가 뭘 주문했는지도 몰랐어요. 집에 와서 열어 보니 19세기 포르투갈 역사책이더라고요. 포르투갈어 실력이 형편없어서 어차피 읽지도 못할 책 말이에요."

—주부(여, 35)

**자유파** **전자파** **좀비파**

---

## 18:00

현관에서 옷을 벗고
소파로 뛰어오른다.

색종이 조각, 부부젤라, 풍선과
함께 자유를 만끽한다.

소파에 얼굴을 대고 눕는다.

한 시간 뒤, 팬츠드렁크의 기본인
텔레비전 화면의
어두운 불빛을 마주한다.

현관 앞 매트에
신음을 내며
지쳐 쓰러진다.

---

## 20:00

자연 다큐멘터리에
지나치게 열광한다.

<바일란도Bailando>
<아이브 갓 더 파워I've Got the Power>
<왓 이즈 러브?What is Love?>에
맞춰 현란한 춤사위를 벌인다.

자연 다큐멘터리에 시선을 고정하고
와인 병을 딴다.

저녁 뉴스 시간이 다가오면
기운이 살아난다.

포테이토칩이나
프레첼을 안주 삼아 맥주를 마시며,
왓츠앱으로 채팅을 한다.

몇 시간 뒤 거실 바닥으로 기어가
신음을 낸다.

완전한 좀비 상태로
자연 다큐멘터리를 보면서
맥주를 딴다.

**자유파**

**전자파**

**좀비파**

---

## 22:00

친구들과 배꼽 잡는 문자를
주고받는다.

인스타그램에 올릴 셀피를 찍는다.

자정이 다가오면 엔진이 꺼진다.

유튜브에서 고양이 동영상과
옛날 코미디 영상을 보면서
낄낄거린다.

이어폰을 끼고 책을 읽으면서
꾸벅꾸벅 존다.

여전히 좀비 상태로
저녁 뉴스를 본다.
손에 맥주를 든 채
무기력하고 멍한 눈으로.

---

## 24:00

심야 영화를 보면서 노트북을
무릎 위에 올려 둔 채 잠이 든다.

맥주잔은 반쯤 비어 있고,
SNS에 상태 업데이트를
하다 만 채로.

어디선가 피자가 배달된다.

리얼리티 방송을 보듯
좀비 영화를 본다.

---

## 02:00

위스키를 홀짝대며
온라인 쇼핑 중.

# 팬츠드렁크 중 나타나는 몽유병

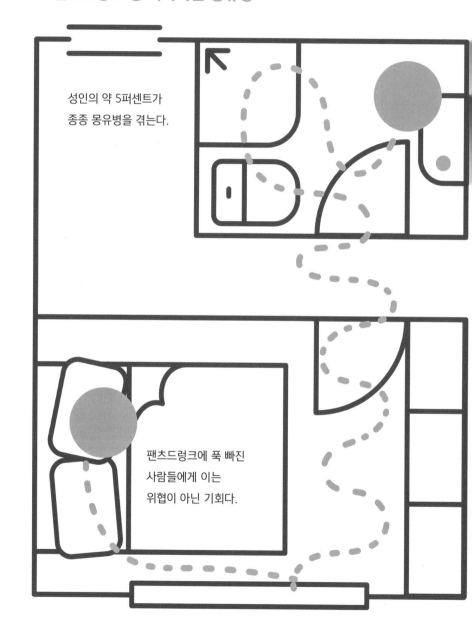

성인의 약 5퍼센트가
종종 몽유병을 겪는다.

팬츠드렁크에 푹 빠진
사람들에게 이는
위협이 아닌 기회다.

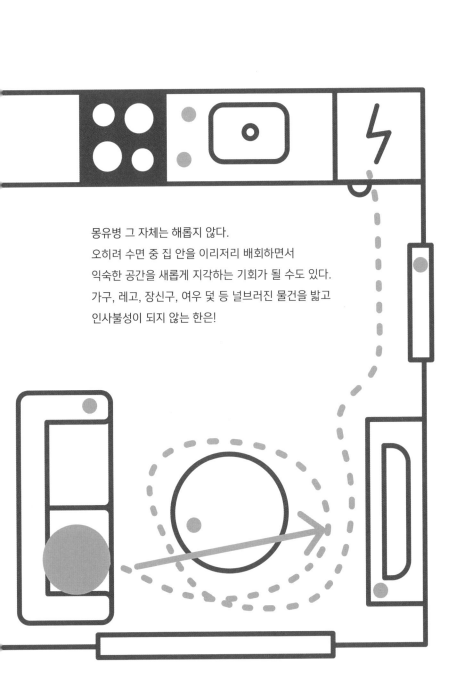

몽유병 그 자체는 해롭지 않다.
오히려 수면 중 집 안을 이리저리 배회하면서
익숙한 공간을 새롭게 지각하는 기회가 될 수도 있다.
가구, 레고, 장신구, 여우 덫 등 널브러진 물건을 밟고
인사불성이 되지 않는 한은!

네 잔

팬츠드렁크,
몸과 마음의 짐을 내려놓는 시간

# '혼술' 권하는 나라

핀란드 정부는 팬츠드렁크를 장려한다. 핀란드에 헤비메탈, 휴대폰, 사우나만 있는 건 아니다. 소파에서 뒹굴며 술을 마실 자유가 누구에게나 허용되는 나라이기도 하다.

팬츠드렁크는 그저 핀란드 국민들 사이 전해지는 전통이나 세계관에서 그치지 않는다. 핀란드 정부의 공식 외교 정책이기도 하다. 2015년 12월, 핀란드 외교부의 민간 외교 부서는 세계 최초로 국가 이모티콘을 출시했다. 처음 만든 이모티콘은 핀란드스러움을 보여 주는 30가지 기본 요소를 담아냈고, '디스이즈핀란드(이하 TIF) 웹사이트에서 출시했다. 또 2015년도 전통 대림절 달력에도 이모티콘을 넣었다. 그 이후 새로운 이모
티콘 26개를 공식적으로 승인, 발표했다.

처음으로 발표한 이모티콘 세 개는 헤비메
탈, 노키아3310, 그리고 사우나를 표현했다.
당시 TIF의 이사였던 예니타 크레스벨은 이
렇게 말한다.

"이모티콘 주제를 고민할 때 당연히 핀란
드의 음주 문화도 고려 대상이었죠. TIF는
늘 핀란드인과 핀란드를 있는 그대로 묘사해
왔거든요. 처음에는 긴 내복을 입은 남자 이
미지로 가려고 했어요. 그야말로 핀란드스러
운 모습이니까요. 하지만 결국 팬티로 수정
했죠. 하도 이미지가 작아서 내복이 속옷인
지 한눈에 알아보기 힘들 것 같았어요. 속옷
보다는 외출복 바지 같아 보였거든요.

처음에는 남성용 팬츠드렁크 이모티콘만 만들었지만, 반차별
원칙을 강조하는 조직으로서 여성과 남성이 모두 들어간 이모티
콘을 만들고 싶었어요. 혼자서 술을 마시는 여성의 이미지를 만드
는 과정은 재미있었어요. 최종적으로 여자는 도트 무늬 잠옷 상의
를 입고 와인 잔을 든 이미지로, 남자는 팬티 차림에 맥주잔을 든
이미지로 결정했죠. 와인 잔을 들고 분홍색 잠옷을 입은 여자의

이미지가 지나치게 세련된 인상을 주지는 않을지 고민했는데, 최종 결과물은 마음에 들었어요."

크레스벨에 따르면 이모티콘은 처음부터 전 세계에서 사용될 것을 염두에 두고 만들어졌다. 즉, 이모티콘 제작팀은 이모티콘이 어떤 반응을 불러올지 생각해야 했다. 혹시나 정부가 음주를 권하는 것으로 비치지는 않을지 말이다. 결국 '핀란드스러움'을 담은 이모티콘은 좋은 반응을 얻었다. "팬츠드렁크는 핀란드의 전형적인 (음주) 문화로 받아들여지고 있어서 우리 모두 그 문화를 이야기하고 싶었죠. 옷을 다 벗고 사우나에 들어가는 문화처럼요."

이모티콘은 브라질의 그래픽 아티스트 브루누 레우 히베이루가 그린 것이다. TIF에서 제공하는 언어인 영어, 스페인어, 중국어, 러시아어, 독일어, 프랑스어, 포르투갈어에 더해 이모티콘이 들어간 대림절 달력은 일본어, 아라비아어, 한국어, 힌디어, 폴란드어, 터키어로도 공개됐다.

"이 캠페인은 3억 명이 넘는 사람들이 이용했고, 지금도 핀란드 역대 가장 성공한 홍보 캠페인으로 남아 있습니다. 이모티콘으로 상이란 상은 모두 휩쓸었죠."

# 맥주 구입 순서

1. 가게를 선택한다.

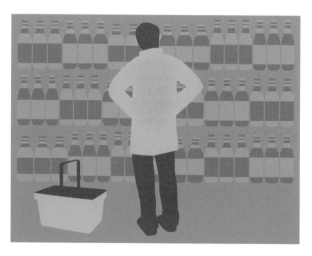

2. 맥주 종류를 탐색한다.

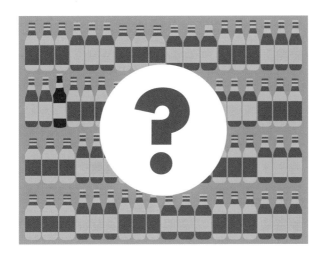

3. 고민한다.

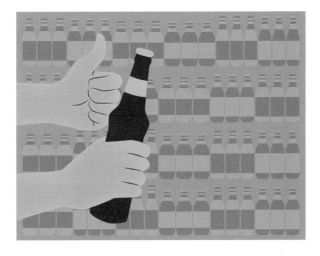

4. 마음에 드는 맥주를 고른다.

5. 고른 맥주를 계산한다.

6. 맛있게 마신다.

## 나의 팬츠드렁크

"이따금씩 '집에서 즐기는 팬츠드렁크가 술집에서 술을 마시는 것보다 좋은 점 목록'을 만들까 생각해요. 지금 바로 열 개 넘게 이야기할 수도 있어요. 술값이 더 적게 들고, 듣고 싶은 음악을 마음대로 들을 수 있고, 텔레비전도 볼 수 있고, 화장실이 깨끗한 건 물론이고 줄을 설 필요도 없고, 택시비를 쓸 일도 없고, 멍청이들을 상대할 필요도 없죠. 지금 바로 생각난 것만 이야기한 거예요."

—취업 준비 중(남, 52)

# 세계인의 입맛을 사로잡은 맥주

전 세계 팬츠드렁크인 수억 명의 말이 틀릴 리 없다. 맥주는 보통 맛 때문에 마시지 않는가? 다음은 맥주 전문가들이 운영하는 웹사이트 레이트비어닷컴www.ratebeer.com이 뽑은 세계에서 가장 많이 팔리는 맥주 브랜드 10개와 각 맥주에 대한 유저들의 평가다.

### 버드 라이트(미국)
평가할 수 없음
"세계 최악의 맥주 중 하나"
_BeerBenji

### 버드와이저(미국)
☆☆☆☆☆
"버드와이저를 좋아한다면 말릴 수야 없다.
하지만 집 밖으로 나가서 사람도 좀 만나고
그러면 좋겠다."_BeerNoFears

### 스콜(브라질)
★☆☆☆☆
"장난하냐."_peponi

### 쿠어스 라이트(미국)
☆☆☆☆☆
"병 디자인은 시원하고 예쁘다.
장점은 그뿐이다."_d260005P

### 브라마(브라질)
★☆☆☆☆
"평생 마셔 본 맥주 중 가장 싱거운
_Nurmis

팬츠드렁크!!!!!

**하이네켄(네덜란드)**
★★★★☆
"비추"_wombat23

**스노우(중국)**
★☆☆☆☆
"물맛 남." (cagou007)

**칭따오(중국)**
★★★☆☆
"한마디로 별로"_hrabren

**양징(중국)**
★★★☆☆
"맥주가 안 들어간 맥주"_mansquito

**하얼빈(중국)**
★★★☆☆
"특별히 내세울 점은 없지만,
그럭저럭 마실 만함."_john44

* 출처: 블룸버그 통신(Bloomberg), 레이트비어닷컴(Ratebeer)

# 감정의 응어리를
# 풀어내는 시간

팬츠드렁크는 마음에 사소한 탈이 날 때 잠깐 들르는 정비소 같은 곳이다. 바퀴의 부품을 점검하고 다음 단계까지 무사히 갈 수 있도록 손보는 곳. 필요하다면 엔진 정밀 검사도 가능하다. 평범한 운전자라면 평생을 살면서 이곳을 다섯 번가량 곁눈질한다. 하지만 평소에 수시로 정비가 필요한 사소한 문제와, 더 신경 써서 돌봐야 하는 문제는 엄연히 다르다는 점을 명심하라.

어떤 부정적인 감정 상태는 긴장을 푸는 정도의 가벼운 술자리와 잠깐의 휴식으로 해소할 수 있다. 하지만 어떤 경우는 더 장기적인 내면의 대화 또는 다른 사람과의 대화를 통해 해결해야 한

다. 이때는 술을 멀리하고, 특히 과음을 자제해야 한다. 어떤 형태의 치료가 필요한지 구분하는 능력은 삶의 경험과 지식을 통해 생긴다.

간단히 설명하자면 이렇다. 불안, 우울증, 자기 연민, 불면증, 기타 정신 건강 문제를 오래 앓았거나 이 문제들이 갈수록 심해지는 것 같다면 팬츠드렁크는 좋은 선택이 아니다. 오히려 그 반대다. 팬츠드렁크를 오용하면 상황은 더 악화될 수 있다. 노라 하가 파티 센트럴의 감정 연구소는 우울증이나 약물 남용 이력이 있는 사람에게 '무알코올 팬츠드렁크'라는 한 발 더 앞선 형태의 팬츠드렁크를 추천한다. 더 자세한 내용은 마지막 장에서 다룰 예정이다. 더불어 전문가의 도움을 받을 것을 권한다.

팬츠드렁크는 일상에서 쌓이는 스트레스를 견딜 만한 정도로 풀어 주는 단기적 요법이다. 이 핀란드식 단기 요법은 적당한 정도로만 이용하면 일터에서 받은 극심한 스트레스와 중압감에서 헤어나게 해 주는 놀라운 효과를 발휘한다. 꼬일 대로 꼬인 감정의 응어리를 풀고 긴장을 푸는 자극제 역할을 한다. 뒤에 나오는 범죄 전문 기자가 직접 겪었다는 경험이 좋은 예시다.

가령, 관계의 끝을 앞두고 감정이 표면화되기 쉬운 때에도 사회는 그 감정을 깊숙이 감추기를 요구하는 상황이 종종 벌어진다. 직장 동료가 하루가 멀다 하고 힘들다고 울면서 징징거리면 같이 일하는 동료들로서는 불편하고 당혹스러울 수 있다. 마찬가지로 헤어진 연인을 잊지 못해 눈물 바람을 하다 벌게진 눈으로 고객과 협상에 임하면 일을 망치기 십상이다. 당연히 회의실 탁상 위에 놓인 휴지는 코를 풀기엔 얇아도 너무 얇다.

사회생활을 하다 보면 직장과 학교에서는 좋건 싫건 표정 관리를 해야 한다. 팬츠드렁크는 강요에 의해 하는 표정 관리와는 정반대 지점에 있으며, 이런 이유로 놀라운 치유와 해방의 경험이 될 수 있다. 개인적으로 힘든 일이 있을 때 사회적 얼굴을 유지하는 것은 사람을 지치게 하며, 그렇게 내면에 쌓인 고통은 감정적 교착 상태로 굳어질 수 있다. 이 경우 팬츠드렁크는 쌓였던 감정의 응어리를 푸는 중요한 촉매 역할을 한다.

울음의 효능에 대한 과학계의 연구는 놀라울 만치 적다. 사람의 눈물에는 세 가지 종류가 있다고 한다. 첫째는 안구에 습기를 더해 눈을 촉촉하게 하는 '기저 눈물'이다. 두 번째는 얼굴의 눈 주변 감각 신경이 외부 물질로 인해 자극을 받아서 나오는 '반사 눈물'이다. 마지막은 슬플 때 나오는 '감정 눈물'로, 그 원인도 성분도 앞의 두 눈물과는 다르다. 이 정신적 눈물의 자극은 뇌에서 오며, 눈물과 함께 호르몬이 분비된다. 몇몇 연구자는 울 때 몸에서 많은 호르몬이 빠져나가기 때문에 눈물에는 해독 효과가 있다고 말한다.

실제로 그렇다면 스트레스 상황에서는 과연 억지로 짜내지 않아도 눈물이 나올 수 있다. 몸과 마음의 긴장이 잘 풀리지 않는다면 감정을 고조시키는 외부의 자극을 이용해 보라. 잠깐만 봐도 눈물이 쏟아지는 슬픈 영화 있지 않은가? 눈물샘이 활짝 열리면 시원하게 펑펑 울어 버려라. 옳지, 옳지.

팬츠드렁크를 하는 동안, 세상이 끝날 것만 같던 불안감은 자연스럽게 마음을 정화하는 울음으로 변한다. 눈물이 멈출 때까지 계속 울어도 괜찮다. 자기 감정에 충실한 것은 좋은 출발이며, 펑펑 나오는 눈물의 세례는 진정한 카타르시스를 주는 경험이다. 이보다 더 효과적인 방법은 기기를 활용해 믿을 수 있는 친구에게 연락해 본인의 감정 상태를 털어놓는 것이다. 이때 인정머리 없는 외부인들은 멀리하는 편이 좋다. 그들의 반응이 불안을 악화시킬 수 있으니까. 그런 사람들 말에 흔들리지 마라!

## 나의 팬츠드렁크

"스물다섯 살 때 애인이랑 헤어지고 혼자 술을 마셨던 기억이 나요. 와인 한 병을 빠르게 비우고 평소답지 않게 아파트 창가에서 담배를 피웠죠. 멜로드라마 주인공처럼 자기 연민에 빠져서요. 마스카라가 양 볼을 타고 시커멓게 흘러내렸죠. 그때는 술집에 가는 방법 말고는 다른 수가 떠오르지 않았어요. 하지만 효과도 있었고 마음도 편안해지는 경험이었어요. 집에서 속옷 차림으로 혼자 술을 마실 때 그런 것처럼요."

—범죄 전문 기자(여, 35)

팬츠드렁크가
도를 넘는 순간

    술 역시 검처럼 양날이 있다. 언제 술을 마실지 결정하는 것은
성인이 되면서 하는 최초의 중요한 선택이다.
    어째서 스스로 점검이 필요할까? 어떤 팬츠드렁크인은 유전적
인 이유로 알코올 중독에 빠질 위험이 있다. 이런 이유가 아니더
라도 술을 자제해야 하는 경우가 있다. 폭음을 즐겨 하는 사람들
이 그렇다. 이들은 알코올 중독에 빠질 위험이 높기 때문이다.
    이런 현상은 술을 비롯해 사람을 취하게 하는 중독성 물질들
이 인류 역사 내내 존재해 왔다는 이유로 모른 척하기 쉽다. 최
소 1만 년 전으로 거슬러 올라가는 고고학적 증거에 따르면, 인간
은 오래전부터 알코올을 포함한 여러 가지 중독성 물질을 섭취해

왔다. 모든 문화권, 그리고 지역마다 고유의 정
신 활성 물질이 있다. 일부 아랍 문화권에서는
예로부터 대마초를 피웠고, 안데스 산맥에 사는
사람들은 코카잎을 씹었다. 그리고 서양에서는
술을 마셨다. 현대에서 술과 마약처럼 사람을
취하게 하는 이 같은 물질은 고유의 문화에 그
치지 않고 세계 전역에서 통용된다.

　중독성 물질은 쾌락의 목적으로도 이용되지
만 불안감을 잊기 위한 목적으로도 쓰인다. 취한 상태에서 삶은
유쾌하게 느껴지고 세상만사가 아무 문제 없이 돌아가는 것 같으
니까. 서양 문화권에서 대체로 술은 용인되지만, 다른 중독성 물
질, 특히 대마초의 합법 여부는 나라마다 다르다. 이는 일정한 법
적 논리 때문이 아니라, 특정 사회나 지역의 고유한 문화적 특징
에 달려 있다. 하지만 한 가지 분명한 것은 자유와 번영의 시대인
지금은 중독성 물질을 쉽게 손에 넣을 수 있다는 사실이다. 이런
상황에서 사람들은 각 중독성 물질의 장단점을 충분히 알고 있어
야 한다.

　술이 없는 사회란 존재하지 않는다. 이유는 간단하다. 주류 산
업이 기업에 상당한 수익을 안기는 까닭이다. 국가가 거둬들이는
세수입 역시 만만치 않다. 제1차 세계 대전이 끝난 뒤 핀란드와
미국을 비롯한 여러 나라에서 금주법이 시행되었지만, 조직범죄

와 법 경시 현상을 키운 것 말고는 그렇다 할 소득이 없었다.

그 이후 술을 마실 자유와 그에 대한 책임은 개인의 몫이 되었다. 술의 유혹에 너무 쉽게 빠지는 사람이라면 두 가지 사실을 명심하라. 연습만이 답이며, 스트레스를 푸는 다른 방법도 많다는 사실. 팬츠드렁크가 휴식이 아니라 습관이 되거나 다음 날이 즐겁지 않다면 그만두는 것이 최선이다.

# 팬츠드렁크 중 하면 안 되는 것들

1. 이력서 제출
2. 자신에 대한 위키피디아 업데이트
3. 정밀 기계 수리 및 청소
4. 전 애인과 재결합 시도하기
5. 유언장 작성
6. 머리 염색
7. 어릴 적 친구에게 연락하기
8. 원자력 발전소 운영 관리
9. 상사나 부하 직원에게 퇴사 이메일 보내기
10. 논란의 소지가 있는 글 온라인에 실명으로 게재하기
11. 항공 또는 호텔 예약하기
12. 친구와 케케묵은 오해 청산하기
13. 어려운 요가 동작
14. 매니큐어 칠하기
15. 욕조에서 스쿠버 장비 사용하기

16. 주식 거래

17. 하드 드라이브 포맷, 분할,

    리눅스 설치

18. 문신 (본인에게든 다른 사람에게든)

19. 미국 드라마 <브레이킹 배드> 시청 후 기발한 사업 아이디어 구상

20. (아주 사소한 것이라도) 전기 수리

21. 콩팥(사실, 어느 부위든) 플람베(브랜디를 붓고 불을 붙여 향이 배이게 하는 요리)

22. 체인 톱의 점화 코일 교체

# 술 없이도 즐기는
## 팬츠드렁크

이 책에서는 적당한 범위와 깊이로 팬츠드렁크를 다뤘다. 목표는 구체적인 예시와 실용적인 방법 소개를 통해 팬츠드렁크의 주된 목적을 독자들에게 알리는 것이었다. 팬츠드렁크를 하기 위한 공간을 확보하고, 마음을 가다듬고, 스트레스에서 벗어나는 것.

팬츠드렁크는 마음의 평화에서 출발하는 하나의 태도이자 삶의 철학이다. 자신의 머릿속이 가볍고 마음 근육이 단단하다면 그 건강한 기운은 주변 사람들에게 전달된다. 자기 자신을 사랑할 때 비로소 다른 사람도 사랑할 수 있게 된다. 이 단계에 도달하려면 무엇보다 편안한 속옷 또는 잠옷, 적당한 양의 술, 약간의 안주, 오락 기기가 필요하다!

팬츠드렁크를 지속적으로 하기 위해서는 외부적 요소 말고도 본인의 감정을 잘 다스리고 뇌의 감정 조절 센터를 훈련시키는 능력이 필요하다. 단순히 취하기 위해 팬츠드렁크를 한다면 의도를 잘못 이해한 셈이다.

예를 들어 설명해 보자. 팬츠드렁크는 술 없이도 할 수 있다. 어떻게 그게 가능하냐고? 안 될 이유도 없지 않은가! 스트레스를

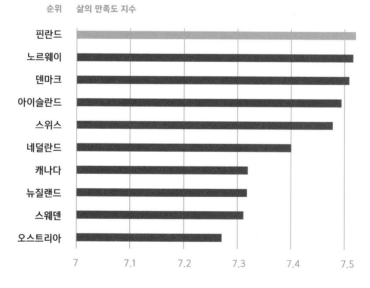

* 출처: 2018년 세계행복보고서(World Happiness Report 2018)

**세계에서 가장 행복한 나라, 핀란드**

풀어야 할 이유가 있고 팬츠드렁크를 할 편안한 공간을 확보할 수 있다면 무알코올 맥주를 마시나 유기농 사과 주스를 홀짝이나 결국은 같다. 술 대신 약간 더 품질이 높은 무알코올 음료를 구입해 보자. 술 없는 팬츠드렁크는 마인드 컨트롤을 위한 팬츠드렁크의 다음 단계다.

제대로 된 팬츠드렁크를 위해서는 긴장을 완화하는 자신만의 노하우가 꼭 필요하다. 팬츠드렁크 베테랑이 이런 노하우를 갖고 있다면 팬츠드렁크를 한 단계 위로 끌어올리는 것은 놀라울 정도로 간단하다. 그 순간 팬츠드렁크는 북유럽 다른 나라의 '휘게'나 '라곰'보다 마음 챙김 사고에 더 가까워진다. 진짜 팬츠드렁크 고수는 어디에 있든 상관없이 긴장을 풀고 진짜 자기다워지는 방법을 알고 있다. 유독 힘겹거나 정신없는 날, 근사한 정장과 흠잡을 데 없는 완벽한 옷차림으로도 숨길 수 없는 한 가지 진실을 떠올리면 순식간에 마음이 차분해진다. 바로 겉옷 아래 누구나 속옷을 입고 있다는 사실. 최종 선택은 본인의 몫이다. 어쨌든 노라 하가 파티 센트럴은 여러분 모두 편안한 밤을 보내길 바란다. 팬츠드렁크를 하든 그렇지 않든.

치어스, 아니면 핀란드어로 키피스!

## 나의 팬츠드렁크

"10년 전 남편과 이혼했을 당시엔 팬츠드렁크의 개념이 약간 무섭더라고요. 그때만 해도 집에서 혼자 술 마시는 사람은 그냥 외로운 알코올 중독자에 불과한 것 같았거든요. 그래서 밤이면 문화 행사를 찾아다니거나 저녁 모임을 열곤 했죠. 점차 안정을 찾고 자신감도 회복하면서 다행히 집에서 갖는 술자리와 기분 좋은 저녁 사이의 경계가 희미해졌어요. 밖에 나가지 않고도 여전히 맛있는 음식을 만들어 함께 즐길 사람들이 있었거든요. 하지만 동시에 아무도 없이 혼자서 조용한 주말 밤을 보내는 법도 배웠죠. 이런 날은 보통 주방에서 와인 병을 따면서 시작해요. 와인을 요리에 넣기도 하고요. 광고 없이 음악만 틀어 주는 라디오 방송의 클래식 음악을 배경 음악으로 해놓고요. 텔레비전 앞에서 맛있는 음식과 함께 와인을 마시면서 영화나 드라마를 신중하게 골라서 봐요. SNS를 할 때도 있지만, 금요일 밤에 울컥해 글을 올리는 일은 피하죠. 와인 병이 비어 가고 마음도 느긋해지죠. 혹시나 해서 자기 전에 이부프로펜(소염, 진통제의 성분명. 서양에서는 숙취로 인한 두

통에 이부프로펜을 먹는 경우가 많다)을 한 병 비우고 자니까 다음 날 아침에 일어나도 숙취가 남지 않더라고요."

—박사 수료자(여, 58)

"술을 마시다가 사회민주당 당원으로 가입했어요. 1903년에 작성한 당의 초기 정강을 읽다가 조금 울었고, 그러다 가입까지 했죠. 아직도 당원이에요."

—CEO(여, 42)

## 무엇이든 물어보세요

노라 하가 파티 센트럴에 무엇이든 물어보세요. 친절하게 답해 드립니다.

**질문:** 세 시간밖에 시간이 없는데요. 팬츠드렁크할 시간이 될까요?

**답변:** 당연합니다. 세 시간은 마음의 휴식을 즐기기에 충분한 시간입니다. 예기치 못한 돌발 상황을 최소화하고 외부 자극에 동요하지 않을 준비만 제대로 됐다면요.

실전에 들어가기 전에, 재밌거나 유익하다고 정평이 나 있는 동영상 등의 볼거리와 탄수화물이 듬뿍 들어간 음식, 스프릿츠 같은 알코올 도수가 낮은 주류를 준비하세요. 그다음엔 그저 혼자만의 시간에 느긋하게 푹 빠져들면 됩니다. 초심자라면 자기만의 리듬을 찾는 데 몇 년이 걸릴 수 있지만, 팬츠드 렁크 베테랑이라면 앞에서 이야기한 요소들을 발전시켜 몸과 마음의 긴장을 푸는 방법을 잘 알고 있을 겁니다.

**질문: 평일 밤에 팬츠드렁크를 해도 괜찮을까요?**

**답변:** 팬츠드렁크를 하기 적당한 시간은 정해져 있지 않습니다. 그 반대죠. 팬츠드렁크의 회복 효과는 대체로 그 즉흥성에서 비롯됩니다. 팬츠드렁크할 날들을 달력에 일일이 표시해 두고 그걸 지키려고 노력하지 않아도 됩니다. 그냥 당신의 마음이 내키는 대로 즉흥적으로 일을 벌여 보세요. 자신을 옭아 매는 족쇄는 계획이 적을수록, 생각을 덜 할수록 느슨해집니다. 다만, 다음 날 새벽 5시 30분에 출장을 떠나야 한다면 모든 사람의 안전을 위해 하루 이틀쯤 팬츠드렁크를 미루고 잠을 푹 자는 게 좋겠죠.

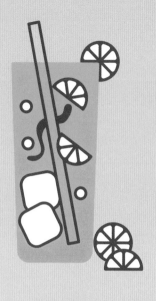

**질문: 매일 팬츠드렁크를 하고 싶은 마음이 들어도 괜찮을까요?**

**답변:** 괜찮지 않습니다. 매일 술에 취해 스트레스를 날리고 스스로에게 보상을 하는 건강한 욕구라기보다는 고질적인 스트레스과 우울증에 시달린다는 증거입니다. 한낮에 술을 마시고 싶다면 분명 일이 뜻대로 되지 않고 있다는 의미겠죠. 당연히 모든 사람이 가끔씩 위기를 겪기도 하고 자기만의 고유한 성격이나 스타일을 가지고 있지만, 팬츠드렁크가 일상이 되고 만족감을 주지도 않는다면 자기 발전을 위한 대화가 필요한 때입니다. 자신에게 너무 가혹하게 굴지 말되 너무 관대해지지도 마세요. 위험한 상태에 처했다는 걸 깨달았다면, 외부의 도움이 얼마나 중요한지는 굳이 말하지 않아도 잘 알고 있으리라 믿습니다.


**질문: 저는 친구들이랑 팬츠드렁크를 하는 게 더 좋아요. 정상인가요?**


**답변:** 물론입니다. 어떤 사람들은 타고나길 너무 외향적인 성향이라 혼자 있는 걸 못 견딥니다. 사람들과 같이 술을 마실 때는 커뮤니케이션이 더 빨리

이루어지는데, 몸짓을 금방 읽을 수 있어서죠. 친한 친구 사이에는 굳이 와인을 더 따라 달라, 맥주 한 캔만 더 꺼내 달라는 말을 할 필요도 없습니다. 타고난 친화력을 가진 사람들에게는 팬츠드렁크도 스포츠도 혼자 하는 게 아니거든요. 또한 여럿이 함께 팬츠드렁크를 할 때도 거의 예외 없이 스마트폰을 붙잡고 비슷한 상황에 있는 다른 사람들과 SNS에서 소통하며 시간을 보내죠. 그거야말로 친한 친구들과 같은 공간에서 술을 마시는 일의 진정한 특권이기도 하니까요.

# 감사의 말

편집자 미리암 일바스의 매혹적인 제안에서 시작한 이 책을 완성하는 일은 오랜만에 대단히 흥미로운 작업이었다. 원래 계획은 거품 가득한 라이프스타일 가이드북을 점잖게 조롱하는 풍자 만화를 쓰려 했는데, 하다 보니 주제가 바뀌면서 핀란드식 마음 챙김 철학을 분석하는 책이 돼 버렸다. 그때부터 우리는 세계인이 이 철학에 공감할 수 있으리라는 믿음이 생겼다. 덴마크인과 스웨덴인에게 잽을 날린 점은 미안하게 생각한다. 잘 알겠지만, 핀란드인은 두 나라를 사랑한다!

이 책에 도움을 준 수많은 분께 큰 감사를 전한다. 기억을 짜내봤지만 모든 사람의 이름을 다 기억하는 데는 실패했다. 친구, 지인, 또 낯선 이들이 준 도움은 내가 정한 가설을 증명하는 데 정말 큰 보탬이 됐다. 팬츠드렁크는 핀란드인이라면 누구나 거의 비

숫하게 이해하고 공감하는 현상이다. 다행히 핀란드 명상의 본질은 북유럽 문화유산의 일부로 순조롭게 기록되고 자리 잡고 있다.

미엘리티에튀, 튀츠캐, 포이추, 야니타 크레스벨, 타이카 다흘봄, 리타 에로넨, 리쿠 요키넨, 미라 카르홀라, 테무 레미넨, 에사 릴리라, 레라 팔라리, 사멜리 란타넨, 투이케 란타넨, 유타 사르히마, 야리 세데그렌, 안드 메리아 티리넨, 그리고 친구, 동료, SNS 친구들에게 특별히 고맙다는 말을 전하고 싶다.

저자 미스카 란타넨은 노라 하가 파티 센트럴 연구소의 소장으로, 50년째 핀란드식 삶의 방식을 연구해 오고 있다.

추 천 의 말

핀란드와 핀란드 문화를 소개하는 이 작고 유머러스한 책이 한국에서 출간된다니 정말 반가운 소식이다. 이 책에 나오는 팬츠드렁크, 즉 칼사리캔니는 단지 '핀란드식 휘게'라고 부르기에는 부족하다. 팬츠드렁크는 자기다운 모습으로 휴식을 취하는 시간이다. 주변의 기대나 머리 아픈 고민, 정신없이 바쁜 일은 모두 잊고 그저 편히 쉬는 시간. 핀란드인은 잘 알려져 있다시피 대단히 내성적인 사람들이고, 팬츠드렁크는 사회적 압력에서 벗어나 온전히 혼자이고 싶은 핀란드인의 욕망을 잘 보여 준다.

한국에서 생활하면서 핀란드인과 한국인이 공통점도 많고 많은 면에서 서로 아주 잘 맞는 민족이라는 사실을 발견했다. 두 민족 다 술을 즐기기도 하고, 무엇보다 팬츠드렁크와 아주 유사한 한국의 혼술 문화를 알고 깜짝 놀랐다. 물론 한국의 혼술은 가끔

집에서 벗어나 식당이나 술집에서도 이루어지지만, 혼술 역시 긴장을 풀고 온전히 자신에게 집중하는 시간이라는 점에서 팬츠드렁크와 다르지 않다.

오늘날처럼 빠르게 돌아가는 사회에서 우리 모두 약간의 평화와 고요의 시간이 필요하다. 핀란드식 혼술 문화를 소개하는 이 책을 통해 바쁜 한국 독자들이 일과 공부를 내려놓고 잠시 휴식을 취하고 또 새로운 전통을 시작하는 계기가 되기를 바란다.

주한 핀란드 대사
에로 수오미넨

행복 지수 1위 핀란드 사람들이 행복한 진짜 이유

# 팬츠드렁크

**초판 1쇄 발행** 2018년 12월 14일
**초판 2쇄 발행** 2019년 1월 11일

**지은이** 미스카 란타넨
**옮긴이** 김경영
**펴낸이** 김선식

**경영총괄** 김은영
**책임편집** 박화수 **크로스교정** 이현주 **디자인** 심아경 **책임마케터** 양서연
**콘텐츠개발3팀장** 윤세미 **콘텐츠개발3팀** 심아경, 이현주, 박화수
**마케팅본부** 이주화, 정명찬, 최혜령, 이고은, 양서연, 이유진, 허윤선, 김은지, 박태준, 배시영, 기명리
**저작권팀** 최하나, 추숙영
**경영관리본부** 허대우, 임해랑, 윤이경, 김민아, 권송이, 김재경, 최완규, 손영은, 김지영, 이우철

**펴낸곳** 다산북스 **출판등록** 2005년 12월 23일 제313-2005-00277호
**주소** 경기도 파주시 회동길 357 3층
**전화** 02-704-1724 **팩스** 02-322-5717 **이메일** dasanbooks@dasanbooks.com
**홈페이지** www.dasanbooks.com **블로그** blog.naver.com/dasan_books
**종이** (주)한솔피앤에스 **출력·인쇄** (주)갑우문화사
ISBN 979-11-306-1990-3 (03300)

• 책값은 뒤표지에 있습니다.
• 파본은 구입하신 서점에서 교환해드립니다.
• 이 책은 저작권법에 의하여 보호를 받는 저작물이므로 무단 전재와 복제를 금합니다.
• 이 도서의 국립중앙도서관 출판시도서목록(CIP)은 서지정보유통지원시스템 홈페이지(http://seoji.nl.go.kr)와
  국가자료공동목록시스템(http://www.nl.go.kr/kolisnet)에서 이용하실 수 있습니다. (CIP제어번호 : CIP2018037943)